A Natureza no Divã

Foto: GIL DUQUE

GIL DUQUE

A Natureza no Divã

Da Psicologia Junguiana à Experiência Homeopática

Prefácio:

Dra. Andréa Góes Camargo · Dr. Walter Boechat

SATTVA EDITORA

contato@sattvaeditora.com.br
www.sattvaeditora.com.br

Editora: **Vivian Lerner**

Projeto gráfico, diagramação
e capa: **Luiz Zonzini**

Revisão:
Ademir Barbosa Júnior

Dados Internacionais de Catalogação na Publicação (CIP)
(Câmara Brasileira do Livro, SP, Brasil)

Duque, Gil
A natureza no divã : da psicologia junguiana à experiência homeopática / Gil Duque. -- São Paulo, SP : Sattva Editora, 2021.
978-65-86420-06-7
1. Alquimia 2. Gnosticismo 3. Homeopatia
4. Homeopatia - Experiências 5. Jung, Carl G.
1875-1961 - Psicologia analítica I. Título.

21-85074 CDD-615.532

Índices para catálogo sistemático:

1. Homeopatia : Doutrina e prática :
Ciências médicas 615.532

Eliete Marques da Silva - Bibliotecária - CRB-8/9380

Este livro é dedicado a
Cláudia Rodrigues Teixeira Duque,
constante inspiração nos caminhos
do amor e da natureza.

Agradecimentos:

A Walter Boechat, Andréa Góes Camargo e Jorge Braga (in memoriam) pelos ensinamentos, incentivo e generosidade.

A Daniela Benzecri pelo estímulo à publicação deste livro.

A Vivian Lerner e equipe da editora Sattva pela atenção e apoio indispensáveis nessa publicação.

Aos colegas analistas e homeopatas por seu trabalho e dedicação à vida e à saúde.

SUMÁRIO

SOBRE O AUTOR

Muitos anos atrás, durante o curso de pós-graduação em Homeopatia no Instituto Hahnemanniano do Brasil – IHB, eu conheci um jovem médico. Ele tinha os olhos brilhantes, um discurso empolgado, muitas certezas e uma busca contagiante pela coerência e pela Verdade. Naquele tempo esse jovem escalava as montanhas, dentro e fora de si mesmo...

Esse jovem mergulhava, à época, em uma nova especialidade com toda a coragem de que era revestido. Esse jovem era Gil Duque.

Convivemos desde então, ele deixou de ser um aprendiz, hoje é um homeopata experiente, mas continua inquieto e empolgado.

Essa inquietação que o levou, desde sempre, a buscar a verdade e a coerência primeiro para si e depois para a arte de cuidar dos outros, o levou alguns anos mais tarde, a outros caminhos, caminhos que passavam pelo Inconsciente, caminhos que passavam pelo mergulho em sua sombra e que trouxeram como experiência a possibilidade de dar as mãos àqueles que temem fazer essa travessia em direção ao Equilíbrio e à Saúde.

Apresento a vocês, com muita alegria, esse jovem, que continua assim, apesar dos anos terem se passado, continua jovem na sua pujança intelectual, no seu entusiasmo.

Mas um jovem sábio, que traz hoje nos olhos, além daquele brilho curioso, a calmaria das profundezas... A calmaria de quem enfrentou muitos temporais.

Convido a todos, então, unirem-se a este condutor e mergulhar na travessia dos oceanos através deste texto tão bem construído, tão claro, tão destinado a juntar o que antes estava separado, pela ignorância dos homens, pela ausência de integração.

Aqui está o trabalho de Gil Duque, que com maestria escala as montanhas do Conhecimento e os abismos de si mesmo.

Dra. Andréa Góes Camargo

Médica homeopata, professora do Instituto Hahnemaniano do Brasil por 17 anos, Mestre em Educação Tecnológica - CEFET, Profa. Substituta de Psicologia Médica e História da Medicina, Faculdade de Medicina - UNIRIO.

A NATUREZA NO DIVÃ:
Um Rompimento de Fronteiras

A presente publicação de Gil Duque, um desdobramento de sua monografia de conclusão de curso de formação de analistas no Instituto Junguiano do Rio de Janeiro, vem em momento muito apropriado. Um momento no qual a visão dicotomizada do mundo e dos fenômenos naturais está sendo cada vez mais posta em questão pelos filósofos da ciência contemporâneos, sendo Karl Popper o mais importante entre eles. Um momento no qual cada vez mais se torna pregnante o paradigma da complexidade, como o chamou Edgar Morin.

O trabalho de Gil Duque é um desafiar de limites, um transgredir instigante de fronteiras, um chamamento a adotarmos novas perspectivas da realidade. O autor, trazendo a natureza para o divã, rompe com limites tão caros à modernidade tais como sujeito-objeto, espírito-matéria, mente-corpo, homem-natureza, entre muitos outros. Boaventura de Sousa Santos já denunciava esses limites como rígidos, hierarquizantes e limitadores. Os saberes do novo paradigma emergente, o paradigma da complexidade, desafiam essas polarizações, essas fronteiras limitantes e aprisionadoras.

A crise de paradigma (Khun) que teve lugar nos inícios do século XX encontrou expressão maior no *núcleo duro* das ciências, a física. A mecânica quântica e a teoria da relatividade de Einstein capitanearam outras crises no saber científico e da visão do mundo. O paradigma newtoniano era incapaz de dar conta de diversos fenômenos da natureza e entrou em crise. Outros *rombos* (Sousa Santos) no paradigma da modernidade tiveram lugar, como o fenômeno postulado por Ilya Prigogine da negentropia, presente em estruturas dissipativas, o teorema de Gödel (que abole as certezas matemáticas), e por último, mas não menos importante, a descoberta do inconsciente, por Freud e Jung, como lembrou o psicanalista Carlos Plastino.

Os novos saberes do paradigma da complexidade têm por característica o rompimento com essas fronteiras da modernidade. E Gil Duque transita com desenvoltura e beleza por esses saberes, rompendo limites, aproximando natureza e mundo subjetivo, sujeito e objeto, alma e corpo. Para tal lança mão da psicologia complexa de C. G. Jung, da homeopatia de Hanneman e demais saberes que essas disciplinas tangenciam. Tanto Hanneman quanto Jung procuraram desvendar o mistério das separações construídas pela consciência moderna entre homem e natureza. Jung, pela pesquisa do inconsciente coletivo, chega até aos fenômenos de sincronicidade e à ideia do psicoide, pela qual são colocadas saídas possíveis às polaridades homem-natureza e corpo-mente. Hanemann, por outro lado, chega por pesquisas em si próprio com quinina, beladona, mercúrio e outros medicamentos da época ao princípio da cura pelo semelhante, antigo saber que já aparece em tratados na Índia antiga, há mais de dois mil anos, em Hipócrates, o pai da medicina ocidental, e no alquimista Paracelso, que no séc. XVI prescrevia diminutas doses de veneno para cura de doenças.

De certa forma Jung também se sentiu desafiado pelas rigorosas fronteiras da ciência positivista moderna e procurou na alquimia medieval uma referência simbólica para uma superação dos limites do materialismo científico.

Nessa obra de desafios, Gil Duque transita por saberes pouco ortodoxos, como gnosticismo, alquimia, vitalismo, disciplinas que podem incomodar a uma visão tradicional do mundo, mas que de uma perspectiva do pensamento da complexidade podem ser assimiladas dentro de uma nova luz. Gil Duque propõe esse novo olhar integrado e não dissociado, característico dos saberes das sociedades pré-modernas, onde a natureza sempre esteve mais integrada à subjetividade. Para isso aborda esses saberes, bem como as ideias de *Alma do Mundo* já presente em Platão e o *Unus Mundus,* proposta do discípulo de Paracelso, Gerhard Dorneus, de um mundo único, livre de opostos, subjacente ao mundo visível, onde o subjetivo e o objetivo estão indelevelmente integrados.

A epistemologia da homeopatia se situa nesse universo integrado, livre de opostos. Gil Duque transita nesses caminhos com desenvoltura. Dá exemplos clínicos variados e ilustrativos. Nessa prática clínica integrada corpo e psique estão articulados em um todo único, evitando-se assim a visão moderna tradicional do corpo como máquina. O autor evoca ainda fascinante modelo do homeopata indiano Rajan Sankaran dos sete níveis da experiência da patologia e dos três reinos da natureza. Demonstra como os primeiros integram as qualidades internas dos distúrbios da energia vital com os sinais exteriores e como os últimos, os reinos mineral, vegetal e animal, organicamente se repetem na natureza humana e na subjetividade. Essas instigantes propostas, livres dos determinismos cartesianos que dominaram a ciência até bem pouco tempo, abrem caminhos muito interessantes para uma integração maior entre a psicologia de profundidade e a homeopatia.

Dr. Walter Boechat

Médico, Membro fundador da Associação Junguiana do Brasil e do Instituto Junguiano do Rio de Janeiro. Analista pelo Instituto C. G. Jung de Zurique. Doutor pelo Instituto de Medicina Social da UERJ. Autor de: "O Livro Vermelho de C. G. Jung: Jornada para profundidades desconhecidas", Ed. Vozes, entre outras obras.

INTRODUÇÃO

...Pois é necessário saber que nossa Alma
contém não apenas um mundo inteligível,
mas também uma constituição análoga
àquela da Alma do Mundo
(Plotino, *Tratados das Enéadas*).

O contato e o subsequente aprofundamento que tenho experimentado nos últimos dez anos de estudos e experiências na psicologia junguiana têm sido para mim de inestimável valor. Por sua amplitude de visão que une o que há de mais novo no pensamento científico e o que há de mais significativo no conhecimento e nas tradições antigas, o universo da psicologia analítica tem me permitido integrar e compreender, de maneira mais efetiva, elementos de minha formação tanto pessoal quanto profissional. Foram quarenta anos de prática contínua de montanhismo e atividades em natureza, muitos outros de estudos e envolvimento com gnosticismo e esoterismo cristão e vinte anos de estudo e experiência clínica em medicina homeopática, em consultório e no SUS. Tudo isso convergindo e, para minha satisfação, adquirindo um sentido mais amplo e renovado na "psicosofia" de Jung, a qual, segundo Silvia Graubart: "mostra muito claramente essa preocupação em se compreender o mundo e não somente nos limitarmos aos restritos e tênues limites do ego ou da subjetividade".

Ao encontrar-me atuando, como homeopata ou, em outros momentos, como analista junguiano, estive inevitavelmente dentro de um diálogo entre essas duas áreas, cuja convergência e sinergia se mostram evidentes, conforme outros autores já evidenciaram.

Esse trabalho é fruto de minhas experiências e minha paixão pela Natureza e pelo Ser Humano, e se dedica, dentro de uma concepção do mundo e da vida alinhada com as correntes de pensamento que integram o Cosmos, o Homem e a Natureza, a buscar uma aproximação entre a homeopatia e a psicologia junguiana. Essa aproximação nos permite abordar alguns aspectos do vínculo entre o ser humano e os seres não humanos, os quais podem ser esclarecedores sobre a natureza das relações, não só de significado, mas principalmente psicofísicas entre ambos. Para tanto, em um primeiro momento, partiremos das memórias de Jung e suas ideias iniciais e percorreremos um trajeto através do vitalismo, de concepções integradas de mundo como o gnosticismo e a alquimia, das ideias de Hahnemann e Paracelso, e das importantes contribuições da psicologia analítica para o entendimento da relação entre psique e matéria. Depois, em um segundo momento, tentaremos, de uma maneira simplificada, apresentar aspectos da prática homeopática, os quais, dentro de uma perspectiva arquetípica, podem nos revelar novas possibilidades para a compreensão mais profunda dos fenômenos e padrões com os quais nos deparamos em nossos pacientes.

I. PSICOLOGIA E NATUREZA

Jung e a Natureza

> Eu estou sentado nesta pedra.
> Eu, em cima, ela, embaixo.
> Mas a pedra também poderia dizer "eu"
> e pensar: "Eu estou aqui, neste declive e
> ele está sentado em cima de mim."
> - Surgia então a pergunta:
> Sou aquele que está sentado na pedra,
> Ou sou a pedra na qual ele está sentado?
> (Jung).

Como saber onde termina a natureza e principia o ser humano? Quais e o quão profundas são as relações que nós, seres humanos, temos com a natureza que nos cerca?

No relato acima, extraído de suas memórias, Jung traz uma vivência de infância ocorrida entre seus sete e nove anos. É mesmo fascinante a profundidade da reflexão aí contida, pois aponta para uma experiência onde se mostra a dificuldade de definirmos os limites entre o homem e o elemento natural nos níveis mais profundos da consciência. Nesse momento, o mundo da infância traz, em sua natural indiferenciação, a possibilidade de o menino perceber seu vínculo com a pedra:

> Esta pergunta sempre me perturbava: eu me erguia, duvidava de mim mesmo, meditando a respeito de "quem seria o quê?". Isto não se esclarecia e minha incerteza era acompanhada pelo sentimento de uma obscuridade estranha e fascinante. O fato indubitável era que essa pedra tinha uma singular relação comigo. Eu podia ficar sentado nela horas inteiras, enfeitiçado pelo enigma que ela me propunha.

O "feitiço" relacionado ao enigma sobre *o que de fato somos* em meio ao mundo natural, permeia a psicologia de Jung que, partindo do empirismo e da ciência experimental, caminha através da mitologia, do gnosticismo, da alquimia e da física moderna, propondo um modelo de inconsciente supraordenado que inclui a expressão humana dentro de um contexto maior, o qual nos permite entender que homem e natureza interagem reciprocamente nos diversos extratos da existência, naquilo que Jung chamou de Geologia da personalidade. Um esquema do que seria essa geologia da personalidade, feita em um de seus seminários editado em 1925, mostra camadas geológicas sobrepostas, as quais, das regiões mais profundas para a superfície, partem do magma da vida indiferenciada até o humano, passando pelos ancestrais animais em geral, os primatas, os grandes grupos ou culturas humanas (europeus, por exemplo), nações, clãs e famílias, até chegar aos indivíduos com suas personalidades únicas. Nesse caso, o indivíduo seria como um ponto no topo de uma montanha da qual fazem parte todas as camadas ocultas sobre a qual ela se apoia.

A natureza sempre exerceu um forte fascínio em Jung. Nascido em ambiente rural, ele sempre procurou manter-se próximo aos campos, lagos e montanhas. Eram, para ele, locais de refúgio e contemplação desde a infância até a maturidade. Sua obra, representações pessoais e referências fazem sempre alusões à natureza, seus seres e fenômenos. Em sua autobiografia, o livro *Sonhos, Memórias e Reflexões*, faz diversas referências às reflexões e *insigths* que viveu em plena natureza. Entre os índios Pueblos na América do Norte ele faz um amigo, o chefe Ojibwai Biano, com o qual se corresponderia até o fim da vida:

> Desviemos, por um momento, nosso olhar de todo o racionalismo europeu, e fujamos para o ar límpido das alturas desse planalto solitário, [...] desembaracemo-nos ao mesmo tempo da nossa consciência do mundo, em troca de um horizonte ilimitado e de uma inconsciência do Universo que vive além dele, e então começaremos a compreender o ponto de vista do índio pueblo. "Toda a vida provém da montanha.": tal é a sua convicção imediata.

Na África, ele chefia uma expedição até o Monte Elgon, no Quênia, e é sentado em sua cadeira, debaixo de uma acácia, que ele se confessa subjugado pela aurora na savana: "Minha impressão, nesses momentos, era de que eu me achava num templo. Era a hora mais sagrada do dia. Diante desse esplendor eu experimentava uma admiração insaciável, ou melhor, um êxtase intemporal". E mais adiante relata:

> Havia o silêncio do eterno começo, do mundo como sempre fora na condição do não-ser;

> pois até há bem pouco tempo, (não existia) ninguém lá fora para saber que havia "esse mundo". [...] Era o primeiro homem, que sabia ser esse o mundo e que, através de seu conhecimento, acabara de criá-lo naquele instante. [...] Tornou-se então extraordinariamente claro para mim o valor cósmico da consciência.

Mas é em Bollingen que realiza seu sonho de construir, ele mesmo, sua casa na beira do lago, pois lhe "parecia impossível viver sem a proximidade da água". Segundo Aniela Jaffé, ele afirma que: "sem minha terra, minha obra não viria à luz". Essa construção, entre o Lago e a Montanha, o auxiliou a alcançar equilíbrio e maturidade após lançar as bases de sua teoria, pois "as palavras e os escritos não eram bastante reais para mim; era preciso outra coisa". Ele descreve Bollingen como um "seio materno", um local de acolhimento, crescimento e realização concreta de sua natureza interior, onde poderia ser de novo *ele mesmo*.

E nessa integração silenciosa com si mesmo e a Natureza, poetiza: "às vezes como que me espalho pela paisagem e nas coisas, e vivo em cada árvore, no sussurro das vagas, nas nuvens, nos animais que vão e vêm, e nos objetos".

Psicologia Racional e Vitalismo

No início de sua graduação, em maio de 1897, aos 21 anos de idade, Jung apresenta um trabalho intitulado *Some*

Thoughts on Psychology onde, em um capítulo intitulado *Psicologia Racional*, se identifica com as ideias dos antigos vitalistas, entre eles William Crookes, Wilhelm Weber, Fechner e Zöllner, que eram físicos, químicos e fisiologistas dedicados a estudos e pesquisas sobre espiritualismo. O Vitalismo, ao acreditar que a vida não poderia ser reduzida a processos mecânicos, propõe a existência de um elemento metafísico, princípio vital ou força vital, que diferencia os seres vivos dos inorgânicos. Friedrich Zöllner, por exemplo, que era professor de astrofísica da Universidade de Leipzig, chegou a publicar, por volta de 1879, um livro intitulado *Física Transcendental: Experiências sobre a Quarta Dimensão provando a sobrevivência do Espírito*. Pode nos surpreender, atualmente, que homens de ciência tenham se dedicado a tais pesquisas, mas na virada do século dezenove muitos eminentes psicólogos como T. Flournoy, Bleuler, Ferenczi, e Freud, assim como Jung, se dedicavam a estudos da mediunidade, do magnetismo animal e do espiritualismo. Segundo o historiador Sonu Shamdasani, "para a psicologia se estabelecer, ela necessitaria de um objeto de estudo", e esse objeto de estudo foi inicialmente o conjunto dos fenômenos psíquicos observados no espiritismo, dito moderno, que era amplamente difundido na época e para o qual se buscavam explicações científicas. Mas no trabalho do jovem Jung, o que nos chama a atenção é a forma como ele se opõe à homogenia da visão causalista em ciência e abraça esta noção da existência de um "princípio interno invisível", apriorístico e finalista, que ordena e conserva a matéria viva:

> O princípio vital que, com o transcorrer da vida, confere ao corpo o seu poder de resistência é o fator mantenedor na esfera dos fenômenos. Como se sabe, todas as moléculas do corpo são renovadas aproximadamente a cada sete anos. Assim a substância do corpo está mudando continuamente. Se a força que organiza e dá conformação à vida reside na matéria, nada seria mais natural do que a contínua transformação da aparência do corpo. Mas isso não é o que realmente ocorre, já que os traços externos de um homem permanecem os mesmos. [...] Em resumo, apesar da mudança em sua substância, o indivíduo permanece o mesmo. Assim, parece que o *principium vitae* é, por assim dizer, o andaime sobre o qual a matéria é construída.

Mais adiante ele afirma que "o princípio vital é mais ou menos equivalente à força vital dos antigos fisiologistas. Ele governa todas as funções vitais [...]". E também que (ele) "se estende muito além de nossa consciência onde também mantém as funções vegetativas do corpo as quais, como nós sabemos, não estão sob nosso controle consciente. [...] Por conseguinte, o princípio vital representa a substância, enquanto a consciência representa um fenômeno contingente". Interessante notar que, já no início de sua formação, ao reafirmar a concepção vitalista na qual o Princípio Vital constitui o suporte sobre o qual a matéria é construída, e a consciência um fenômeno transcendente, Jung aponta para elementos que constituiriam, posteriormente, suas concepções de inconsciente, consciência objetiva e subjetiva, energia psíquica, alma e arquétipo: "Vamos audaciosamente dar a este fator transcendental o nome de *alma*". Outro fato digno de atenção é que os antigos fisiologistas, aos quais Jung faz menção, foram médicos práticos e empiristas que influenciaram diretamente Samuel Hahnemann, o criador da homeopatia.

Samuel Hahnemann [1755-1843] e C.G. Jung [1875-1961] são separados por um século, mas trazem coisas em comum que vão além de sua simpatia pelo vitalismo, sua origem germânica e a profissão médica. Ambos viveram períodos de grande dinamismo e mudanças na cultura alemã e europeia, Hahnemann na virada do século 18 e Jung na virada do século 19.

A defesa da tese de doutoramento de Hahnemann ocorreu na Baviera em 1779, ou seja, três anos antes do nascimento do médico alemão C.G.Jung I, o avô de Jung. Hahnemann foi contemporâneo de Kant [1724-1804] e de Goethe [1749-1832], libelos do racionalismo e do romantismo. Olivier Rabanes, ao escrever sobre a vida e a obra de Hahnemann, afirma que o mesmo foi "apanhado entre esses dois movimentos, o Racionalismo e o Romantismo". Nesse ponto, enquanto o racionalismo positivo (*Aufklärung*) atua sobre a medicina valorizando a observação dos pacientes, a experiência clínica e as medidas higiênicas, o movimento *Sturm und Drang* (tempestade e ataque), nascido em 1774 com a publicação do Werther de Goethe, vai antecipar o romantismo alemão, se opondo ao espírito da Razão. Dessa forma "a valorização das paixões servirá para afirmar as peculiaridades culturais que exaltam os valores de singularidade contra os valores de universalidade". Em sua época,

Jung também se vê "apanhado" entre essas duas perspectivas, cita repetidamente Kant em seu *Rational Psychology*, e recebe forte influência de Goethe e dos filósofos românticos alemães. Racionalismo e Romantismo, Causalismo e Vitalismo, generalização e individualização são perspectivas entre as quais se desenvolve a visão de mundo desses dois grandes médicos alemães. Poderíamos também incluir aí Paracelso, mas, sobre ele falaremos mais adiante.

Gnósticos, Pansofistas e afins

> Se vocês descobrirem aquilo que está dentro
> de vocês, aquilo que descobrirem os salvará.
> Se não descobrirem o que está no seu interior,
> aquilo que não descobrirem os matará.
> (Evangelho segundo Tomé)

Voltando à nossa questão sobre os seres humanos e a natureza, consideramos importante refletir sobre o modelo trazido pela visão gnóstica, onde a natureza se forma juntamente com o ser humano como resultado de uma catástrofe cósmica denominada *A Queda*.

Jung tinha grande interesse e admiração pelos Gnósticos, cujos escritos foram ao seu encontro e deram suporte para muitas de suas concepções. Há inúmeras referências gnósticas em sua obra, e comentando seu primeiro encontro com a literatura gnóstica, ele afirmou em suas memórias: "Senti como se finalmente tivesse encontrado um círculo de amigos que me compreendia".

Para os gnósticos, o mundo se forma como resultado da separação que surge entre o homem divino (Adamas) e sua origem, o paraíso ou a Terra/Céu. Essa separação, *A Queda*, teria provocado, em diversos níveis de estratificação, a formação do universo invisível e visível. Dessa forma, o mundo material, a natureza, seria formado pelo que denominam emanações, energias provindas do corpo celestial da humanidade que se decompôs até restar apenas uma pequena centelha inconsciente no interior do ser humano natural. S. Hoeller, analista junguiano, em seu livro *Gnosticismo*, afirma que "O gnosticismo sustenta que os seres humanos não são essencialmente o produto do mundo material", e que os gnósticos não teriam rejeitado a teoria da evolução biológica "pois acreditavam que o corpo humano se originava da Terra, mas que o espírito humano vinha de longe, do reino da Plenitude, onde habita a verdadeira Divindade".

No mito gnóstico da *Pistis Sophia* (em grego *Pistis* significa fé e *Sophia* sabedoria), a Queda leva a uma separação de seus dois princípios, um superior e consciente e outro inferior e inconsciente. Esse princípio inferior "decaído" (denominado *Achamoth*, um anagrama de *Chokmah*, nome hebraico para Sabedoria), luta em sua condição de alienação: "ela lamenta e vocifera; sofre e anseia por seu estado original. Em sua dor. Ela manifesta, ou emana, poderes que finalmente se condensam em blocos de construção do universo material – imaginados na antiguidade como terra, água, fogo e ar". Dessa forma a natureza e os reinos naturais seriam criados a partir de elementos "arquetípicos" provenientes dos desdobramentos de um mesmo "Ser original".

Essa situação, onde partes oriundas de um princípio original celeste decaído convertem-se em elementos de construção da natureza ou do mundo, é encontrada em diversos mitologemas. Assim ocorre no mito persa de Marduk, na mitologia Yorubá e mesmo entre os Guaranis.

Também encontramos esses elementos, em concepções atuais mais complexas de neognósticos e esotéricos cristãos, passando pelos rosacruzes, a antroposofia de Rudolf Steiner e pensadores como Teilhard de Chadin e Jean-Yves Leloup entre outros.

Em seu livro *Conceito Rosacruz do Cosmos*, Max Heindel [1865-1919] relata, dentro do que denomina ciência oculta, o que seria a *Constituição Atual do Homem* e seu desenvolvimento. Em seu modelo, de concepção claramente vitalista, onde toda a manifestação da vida e da matéria se faz através da estratificação em sete níveis energéticos dentro de padrões etéricos, ele descreve um processo de involução e materialização da energia que ocorre do espírito até a matéria (a Queda), e outro em sentido inverso, de evolução e retorno até o espírito, que se faz de forma gradual e hierárquica, partindo do reino mineral até o reino humano e além:

> Os três Mundos do nosso planeta são atualmente o campo onde se processa a evolução de diversos reinos de vida em vários graus de desenvolvimento. Destes, só quatro nos interessam presentemente, a saber: o mineral, o vegetal, o animal e o humano. [...] Estes quatro reinos estão relacionados com os três Mundos de maneiras diferentes, de acordo com o progresso conseguido por esses grupos de vida evoluinte na escola da experiência. No que diz respeito à forma, os corpos densos de todos os reinos são compostos das mesmas substâncias químicas. O corpo denso do homem é um composto químico tanto como o da pedra, se bem que esta última esteja ocupada só pela vida mineral.

Pierre Teilhard de Chardin [1881- 1955], padre jesuíta, paleontólogo e filósofo cuja obra, em 1962, foi censurada pela Congregação para a Doutrina da Fé (antigo Santo Ofício), em seu livro *O Fenômeno Humano*, também coloca o homem dentro de uma perspectiva finalista de desenvolvimento dentro do mundo e da vida. Nessa visão, onde o homem está inteiramente relacionado com a natureza e o cosmos, ele propõe uma visão Hiperfísica pela qual tudo – das partículas atômicas às galáxias, passando pelas plantas, pelos animais e pelo homem – é só um todo dinâmico, um processo que se vai orientando e evoluindo ao longo do Espaço-Tempo e que culminará na pura espiritualidade do que ele denomina *Ponto Ômega*, o qual seria uma consciência supra-ordenada, equivalente a Deus ou a um *grande Self*. Como Jung, em sua noção de arquétipo, Chardin, ao propor que no plano psíquico a separação entre matéria e espírito é apenas qualitativa, defende a teoria de um enrolamento cósmico onde há um gradual e ininterrupto aumento de complexidade que gera consciência:

> No que concerne ao valor do Espírito, observo que, do ponto de vista fenomenal em que sistematicamente me confino, Matéria e Espírito não se apresentam como "*coisas, naturezas*", mas como simples variáveis conjugadas, de que convém determinar, não a essência secreta, mas a curva em função do Espaço e do Tempo. E lembro que, nesse nível de reflexão, a consciência se apresenta, e exige ser tratada, não em absoluto como uma espécie de entidade particular e subsistente, mas como um efeito, como o "*efeito específico*" da complexidade.

Aqui também nos chama a atenção o caráter de finalidade no desenvolvimento da consciência e o entendimento da reflexão e da invenção como funções inerentes à vida, ou instintos que impulsionam o processo de Individuação:

> Nascida sob as aparências e o signo do Acaso, é só pela finalidade refletida lentamente *conquistada* que a Vida pode esperar elevar-se doravante ainda mais além, por efeito de auto-evolução, na direção conjugada da mais alta complexidade e da maior consciência. Ao jogo favorável e perseverante dessas forças recém-eclodidas de *self*-ordenação interna, encontram-se portanto ligadas, de fato, a partir de agora, todas as esperanças, todo porvir do Universo. [...]
>
> Por um lado, com efeito, sendo admitida a transposição da noção de Consciência acima indicada, já nada nos impede [...] de prolongar para baixo, na direção das fracas complexida-

> des, sob forma invisível, o espectro do "dentro das coisas": o que quer dizer que o "psíquico" se revela como subtendendo, em graus de concentração diversos, a totalidade do Fenômeno. E por outro lado, seguindo para cima, na direção dos complexos muito grandes, o mesmo "psíquico", a partir do momento em que se nos torna perceptível nos seres, manifesta, relativamente à sua matriz de "complexidade", uma tendência crescente ao autodomínio e à autonomia.
>
> De um ponto de vista estritamente descritivo, acabamos de ver, o Homem não representa originalmente mais que uma entre inúmeras outras nervuras que formam o leque, ao mesmo tempo anatômico e psíquico, da Vida. Mas porque essa nervura ou, se prefere, esse raio foi de todos o único que chegou [...] a emergir do Instinto para o Pensamento, ele se mostra capaz, no interior desse domínio do Mundo ainda inteiramente livre, de se estender por sua vez, de modo a gerar um espectro de segunda ordem: a imensa variedade de tipos antropológicos que conhecemos.

Novamente temos aqui a ideia do homem pertencendo a um sistema psíquico e energético integrado, composto por diversos níveis de complexidade e consciência. Nesse sistema, ele surge como elemento intermediário entre o espírito e a matéria, ele é o terceiro elemento que compõe a triunidade que possibilita a manifestação da vida e da consciência, pois "o homem e o mundo da liberdade constituem outro reino entre a natureza e o Divino. Somente Deus, o homem e a natureza formam o todo". Assim afirma Ralph Twentyman, médico homeopata e antroposofista, o qual, no sentido de sua prática, entende que "uma vez que se perceba que o homem não é apenas parte da natureza, torna-se óbvio que a natureza (apenas) não pode curar o homem".

Dessa forma o ser humano surge não apenas como mais um elemento intermediário entre a Matéria e o Espírito, mas também como elemento atuante e transformador, uma ponte entre o divino e o natural.

Jean-Yves Leloup, no livro *Terapeutas do Deserto* escrito em conjunto com Leonardo Boff, recorre a Fílon de Alexandria e sua doutrina do *Logos* para falar sobre o ser humano como um resumo da criação. Fílon de Alexandria, filósofo judeu helenista e contemporâneo de Jesus de Nazaré, influenciado pelas ideias Platônicas da *Anima Mundi*, incluiu em seu sistema "hipóstases divinas (aspectos emanados da Deidade) como *Logos* e *Sophia*, ambos tidos em alta consideração pelos gnósticos", o que lhe trouxe problemas com seus correligionários judeus. Pois Leloup recorre ao legado do judeu Fílon e cita a *Menorah* judaica, onde o ser humano original é simbolizado pelo tradicional candelabro de sete braços: "porque o ser humano é aquele que resume o mundo animal, o mundo vegetal e o mundo mineral – o mundo da matéria". E em seguida ele afirma que:

> Ser um homem é conhecer seu *animal* e saber que seu *animal* pode mudar; é conhecer seu *vegetal*, sua árvore, sua planta, sua flor. E às vezes, no plano da saúde, é a planta que está doente em nós, é a planta que tem necessidade de ar e de sol, que tem necessidade de água. É preciso também conhecer seu mineral, sua pedra, sua matéria que nem sempre é uma pedra precio-

> sa. Alguns se sentem como argila, outros como quartzo, outros sentem familiaridade para com o ouro. É importante reconhecer a nossa ressonância interior com o mundo mineral.
>
> Há também esta dimensão misteriosa do ser humano que é a experiência do seu *nada*. Que é experiência do seu ser frágil. A realidade do seu aniquilamento, que às vezes é vivida em certos estados de depressão. Esta é também uma experiência do ser humano.
>
> Por conseguinte, *ser um homem, nesta visão, é ser um animal, um vegetal, um mineral e é também aceitar ser nada.*

Para ele, segundo os Antigos Terapeutas, o trabalho do homem e, principalmente o do terapeuta, é o de restabelecer em si mesmo as pontes entre os diversos níveis, "por isso ele era chamado o *Pontifex*, o pontífice, aquele que faz as pontes", pontes entre estes reinos que muitas vezes estão apartados e em conflito.

Na mesma publicação, Leonardo Boff, teólogo brasileiro que, como Teilhard de Chardin, também foi punido pela Congregação para a Doutrina da Fé, cita de Saint-Exupéry a "mais rica definição do ser humano que encontrei até hoje", onde diz que: *L'être humain est un noeud des relations* – O ser humano é um nó de relações:

> O ser humano é um nó de relações, voltado em todas as direções – para cima, para o sonho; para o alto, para Deus; para dentro de si, para o seu coração; para os lados, para seus irmãos e irmãs; para baixo, para a terra, para a natureza. Relações em todas as direções. E o ser humano só se realiza, se ele agiliza, se ele articula as relações.

Dentro dessa noção, Boff cita a ecologia como "relação" onde não existem as coisas e sim pontes que produzem as coisas, dentro de relações que envolvem todo o mundo dentro de uma antropologia que é ecológica e pan-relacional. Nesse ponto ele insere a imagem de São Francisco também como um propagador dessa ideia de um mundo unificado, que teria no homem uma ponte ou um "nó" entre todos os seres e reinos que compõem o cosmos:

> Uma antropologia que sabe sentir o coração das coisas. Os textos dizem que Francisco sentia o coração íntimo das coisas. Isso tem um sentido bíblico e um sentido profundamente oriental. As coisas têm coração, porque têm identidade. Então, poder sentir o coração do outro, afinar-se, entrar nessa sintonia com ele, é viver a fraternidade universal. É tornar-se árvore, pedra, oceano, estrela.

Vimos aqui que encontramos, tanto nos antigos gnósticos quanto em diversos movimentos e pensadores que valorizam a experiência interior e a intuição como fonte de conhecimento, que o reino humano surge não apenas como um reino intermediário, mas como o reino da alma. Nesse mundo humano do *Nous* (consciência), e não apenas do *Pleroma* (espírito) ou da *Mater* (matéria), a tensão se manifesta como impulso à realização onde, como mostra Jung referindo-se ao filósofo medieval Jacob Boehme, Deus busca a conhecer-se a si mesmo. Aí, o homem é *Manas* - o pensador - e é nele que os princípios da natureza sofrem metamorfoses e se revelam em imagens, sinais e sintomas.

Hahnemann e Paracelso

> Passemos à terceira base da medicina. Essa é a alquimia. Caso o médico não a conheça a fundo e com desenvoltura, sua arte é vã. Pois a natureza é tão sutil e certeira em algumas coisas, que não pode ser empregada sem a grande arte. Pois ela não traz nada que já esteja perfeito por si e que o homem não tenha que aperfeiçoar. Esse aperfeiçoamento chama-se alquimia
>
> (Paracelso)

É sabido que Hahnemann não cita Paracelso [1493-1541] ou os alquimistas em sua obra e não aceitou qualquer tipo de associação com os mesmos. Essa rejeição voluntária talvez se deva ao fato de o primeiro buscar em seus trabalhos uma abordagem essencialmente racional, empírico/dedutiva, e não mágica como propunha Paracelso. No entanto, após Hahnemann, muitos de seus melhores discípulos como Antoine Nebel, Léon Vannier e René Alendy se aproximam de Paracelso a ponto de o considerarem o principal precursor de Hahnemann.

Em nossa visão, essa aproximação se deve em função dos desdobramentos da própria prática homeopática que se desenvolve após Hahnemann, ou seja, dos resultados da experiência clínica que sedimenta e comprova a aplicabilidade e as analogias do modelo hahnemanniano, o qual é desenvolvido e ampliado por seus seguidores.

O modelo homeopático se baseia inicialmente em três princípios:

1. a utilização de doses mínimas (*dosis minimae*),

2. a "lei" dos semelhantes (*similia similibus curentur*),

3. e a experiência no homem são (*experientia in homini sani*).

Desses três surge um quarto princípio relacionado à prática clínica, o remédio único (*unitas remedi*). No caso do primeiro princípio, das doses mínimas, na realidade estamos falando de doses infinitesimais, soluções altamente diluídas e "dinamizadas", i.e., submetidas à sucussão. Trata-se de um método oficinal que consiste na extração das substâncias em uma solução alcoólica (tintura mãe) e na agitação manual das soluções diluídas dentro de uma frequência constante e predeterminada. Esse processo, em última análise, visa a extrair da substância sua "energia medicamentosa" a qual, fixada em um medicamento, busca atuar de forma adequada na "energia vital" do doente, produzindo a cura. Nesse ponto é inevitável que não nos deparemos com a noção na qual o alquimista, através de suas operações, ou seja, da "arte espagírica", deveria retirar o espírito da matéria. A atuação do alquimista buscava aperfeiçoar a natureza, extraindo da matéria bruta sua essência imaterial, seu arcano, seu princípio vital. Aqui podemos citar Helmut Gebelein, professor de didática da química na Universidade Justus Liebig – Giessen, Alemanha:

> A produção de remédios espagíricos segue as prescrições de Paracelso. Dessa maneira, as matérias-primas – por exemplo a planta inteira – são separadas nos três princípios, sal, enxofre e mercúrio, limpas e, em seguida,

reunidas. Com efeito, a palavra "espagíria" é formada por *spao* ("eu separo") e *ageiro* ("eu ligo"). De acordo com os processos descritos no livro *Farmacopeia Homeopática Alemã*, isso acontece – resumidamente – da seguinte maneira: a planta passa por uma destilação de vapor de água, para que os óleos etéricos sejam liberados (são chamados de enxofre); uma fermentação dos resíduos resulta em álcool, o mercúrio; por fim, os restos são transformados em cinzas, o que resulta em sal. Depois de uma limpeza dos três princípios, eles são novamente reunidos em uma essência espagírica.

No que diz respeito ao segundo e ao terceiro princípio, a lei dos semelhantes e a experiência em humanos saudáveis, nos deparamos com uma abordagem analógica que associa a forma de expressão da doença, que surge naturalmente através de seus sinais e sintomas, à forma que o medicamento dinamizado imprime no indivíduo sadio. Aqui novamente teremos que nos reportar à tradição alquímica e a seu axioma hermético, onde a lei da analogia propõe que "o que está no alto é como o que está em baixo, para que tudo restabeleça a unidade", e à lei do ternário que se reflete nos três mundos – o divino, o psíquico e o físico, representados pelo enxofre, o mercúrio e o sal. No sentido da homeopatia, poderemos simbolicamente relacionar o primeiro princípio (dose mínima dinamizada), o da energia, ao espírito; o terceiro, o da experiência objetiva no indivíduo, à matéria; e o segundo, à alma consciente, que reconhece e relaciona as analogias e semelhanças, criando uma ponte entre os dois extremos.

Dessa forma, entendemos que essa perspectiva analógica, que associa o universo e o homem, está presente, como vimos anteriormente, não só nas acepções esotéricas de gnósticos, neoplatônicos, cabalistas e renascentistas, mas que se mantém através da história como a base de um processo intuitivo que também alimenta, não só a visão simbólica da psicologia profunda, mas também a homeopatia e mesmo os *insights* da física moderna. Essa relação de semelhanças (*similia similibus*) é citada por Hahnemann a partir do *Corpus Hipocrático*, que é um conjunto de tratados escritos por Hipócrates [460-370 a.C.] e seus discípulos que, como Hahnemann, também rejeitavam as considerações supostamente baseadas em magia e superstição e buscavam uma prática médica baseada em evidências empíricas e observação. No tratado das *Epidemias*, Hipócrates "fala de um *cholera morbus* rebelde a todos os remédios, que ele cura apenas por meio do heléboro branco, substância que, no entanto, também excita o cólera" (sobre o qual falaremos mais adiante); e, no tratado *Lugares no Homem*, afirma: "Há outra maneira pela qual as doenças se formam; e as mesmas coisas que causaram o mal, o curam".

Aqui nos deparamos com uma contradição que deve ser analisada, para não nos perdermos entre Hipocráticos e Paracelsistas, já que em nossa opinião a ideia Hipocrática de similitude pode não ser tão diferente do princípio das assinaturas de Paracelso, o qual foi desprezado por Hahnemann.

Uma situação que chama a atenção é que, apesar de os alquimistas conhecerem a potencialização – citada no *Aureum Vellun*, um texto alquímico do séc. XVIII – é afirmado que, no trabalho de Hahnemann, as diluições e dinamizações homeopáticas foram obtidas de forma incidental. As diluições sucessivas do extrato da *China oficinalis*, primeiro medicamento desenvolvido por ele, foram feitas inicialmente com o objetivo de atenuar os efeitos tóxicos e colaterais do uso da planta, e foi com surpresa que se observou que, conforme a toxicidade diminuía com as diluições, outros efeitos de natureza totalmente inesperada se observaram nos usuários. Esses "outros efeitos", de natureza tanto física quanto psíquica, se mostraram reprodutíveis e despertaram a atenção de Hahnemann, que desenvolveu protocolos de pesquisa clínica em humanos, as patogenesias, que levaram ao surgimento de uma vasta literatura, a matéria médica homeopática, baseada totalmente em observações empíricas. Mas como explicar que medicamentos em concentrações tão baixas, às vezes quimicamente inexistentes, tivessem um efeito clínico tão expressivo? Essa questão ainda permanece em aberto e Hahnemann, na época, optou pelo vitalismo científico para explicar o funcionamento das drogas homeopáticas.

O cisma entre Hahnemann e seus discípulos paracelsistas é um elemento importante para nós, na medida em que reproduz não só a oposição entre a ciência e a alquimia. No século 17, tivemos o conflito entre Spinosa e Descartes e, por que não citar, a posterior ruptura entre Jung e Freud, quando Freud admoestou Jung para que não sucumbisse "à onda de lodo negro do ocultismo". Entendemos que, nesse ponto, existe um mesmo fenômeno avaliado a partir de diferentes perspectivas, uma hílica e outra pneumática como diriam os gnósticos, e nos ocorre que Jung, dentro de uma perspectiva psíquica, busca integrar essa oposição ao propor que o arquétipo é simultaneamente instinto e imagem.

Voltando à questão anterior, a propósito da doutrina das assinaturas, Hahnemann afirmou:

> Não lembrarei a loucura daqueles antigos médicos que baseavam as virtudes curativas das drogas medicinais em sua forma e cor, ou seja, na doutrina das assinaturas; que acreditavam que a orquídea podia reanimar a virilidade extinta, porque sua raiz tem dois bulbos grosseiramente semelhantes a testículos; a cúrcuma útil na icterícia, porque é amarela; as flores do *Hypericum perforatum*, eficazes nas feridas e contusões, porque dele escorre uma seiva vermelha etc. Deixo todas essas futilidades de lado, embora ainda encontremos vestígios delas até nas matérias médicas mais recentes.

Ao "deixar todas essas futilidades de lado", como ele mesmo diz, Hahnemann se mantém fiel à visão do naturalista unicamente preocupado em conceder semelhanças sintomáticas concretas, o que foi, diga-se de passagem, fundamental na estruturação inicial do corpo teórico da homeopatia. No entanto, essa visão o impediu de perceber e admitir que os padrões recorrentes observados nas experimentações homeopáticas podem ser entendidos como assinaturas profundas e indeléveis que as substâncias naturais utilizadas imprimem nos experimentadores humanos. As Matérias médicas descrevem padrões arquetípicos onde pulsões, como instintos básicos, se manifestam em sinais e sintomas, os quais, observados e avaliados clinicamente, vão compor uma imagem, padrões reacionais, "retratos dos medicamentos", como dizem os homeopatas.

Devemos entender tanto Hahnemann como Paracelso como pesquisadores revolucionários em seu próprio tempo, e o elemento que pode nos ajudar a superar essa dicotomia é a forma. A palavra forma, do inglês *shape*, ou mesmo *cast*, traz a noção de feição, configuração, padrão, modelo, figura ou modo pelo qual se apresenta. Assim, não se trata de literalmente utilizar orquídeas para tratar os testículos, mas sim de observar o padrão, a in-forma-ação que surge na experimentação homeopática, ou seja, a informação que surge no distúrbio provocado pela ação da energia do medicamento no ser humano. Whitmont em seu *The Alchemy of Healing: Psyche and Soma*, nos fala sobre isso:

> A morfologia de um (medicamento) não apenas reflete, mas expressa funcionalmente a dinâmica do outro (pessoa). É como se nossos conflitos e doenças e sua cura fossem aspectos da substância da qual nossa própria terra é feita, e eles são incorporados de tal forma que passam a ser conscientes deles mesmos através da autoconsciência humana.

Em seu tratado *De natura rerum*, escreveu Paracelso:

> Refleti muito sobre os poderes mágicos da alma humana e descobri muitos segredos naturais. [...] A magia da investigação encontra por toda parte o que lhe é necessário e além. A alma não pode, sem dúvida, perceber a constituição física interna ou externa das plantas e das raízes, mas ela percebe intuitivamente seus poderes e virtudes, reconhece-os imediatamente por sua assinatura.

Mais adiante, Crollius, discípulo de Paracelso, afirma:

> Entenda-se sempre anatomia, não no sentido de um estudo analítico do homem, mas no sentido utilizado por Paracelso: *estudo da efígie*, ou antes, observação da forma. Nós dizemos morfologia do homem e morfologia da doença. *Tudo está em tudo, tudo é significado, tudo pode ser encontrado*. Observemos as formas que nos rodeiam, estudemos as relações de analogia que as unem, que lhes dão um ar de família; estabeleceremos assim correspondências que poderemos facilmente encontrar, pois elas são *effigietoe*, expressas, representadas.

Assim podemos notar que, como Crollius, Hahnemann também fala da importância de se observar a analogia, a relação de semelhança morfológica entre o homem e a doença; conforme encontramos no parágrafo 25 do *Organon da Arte de Curar*:

> O único oráculo infalível da arte de curar (o ensaio cuidadoso, a experiência pura) nos ensina que o medicamento cuja ação sobre o homem sadio produziu o maior número de sintomas "semelhantes" àqueles observados na doença que se pretende curar, [...] tem também o poder de destruir rápida, radical e de modo permanente a totalidade dos sintomas do quadro mórbido [...]. Assim concluímos que os medicamentos curam as doenças cujos sintomas guardam relação de semelhança estrita com os seus (os sintomas devidos ao medicamento), sem deixar de curar nenhuma delas.

Dessa maneira, se superarmos o olhar reducionista em benefício de uma noção mais ampla e simbólica, poderemos entender a doutrina das assinaturas (*correspondentia*) como nos propõe novamente Whitmont:

> As descobertas de Hahnemann revivem a doutrina medieval da *correspondentia*, a saber, a ideia de conexão por um contexto de analogia (a que Aristóteles chamava de "causa formal"). Tal causalidade tornou-se desacreditada devido à maneira fácil, indiscriminada e superficial pela qual a doutrina foi aplicada na época pré-científica (particularmente no final da idade média), mas ela pode realmente trazer um valor heurístico se aplicada a princípios holísticos, específicos da *gestalt* - isto é, comparando-se não detalhes aleatórios simples ou aparências superficiais, mas funcionalidades básicas e essenciais.

Alquimia, Psicologia e Matéria

Em sua autobiografia, Jung fala sobre a importância que seu encontro com os trabalhos dos antigos alquimistas exerceu sobre ele e suas concepções:

> Vi logo que a psicologia analítica concordava singularmente com a alquimia. As experiências dos alquimistas eram minhas experiências, e o mundo deles era, num certo sentido, o meu. Para mim, isso foi naturalmente uma descoberta ideal, uma vez que percebi a conexão histórica da psicologia do inconsciente. Esta teria agora uma base histórica. A possibilidade de comparação com a alquimia, da mesma forma que a sua continuidade espiritual, remontando até a gnose, conferia-lhe substância. [...] As imagens originais e a essên-

> cia dos arquétipos passaram a ocupar o centro de minhas pesquisas; tornou-se evidente para mim que não poderia existir psicologia, e muito menos psicologia do inconsciente, sem (esta) base histórica.

Mais tarde, em 1943, publica em *Psicologia e Alquimia* que não só "o alquimista desconhecia a verdadeira natureza da matéria", mas que "a conhecia unicamente através de alusões", e que o método alquímico "tratava-se evidentemente não de um método intencional, mas de um acontecimento involuntário". Também é proposto que as dinamizações de Hahnemann surgiram de maneira involuntária, só que esta técnica já havia sido, de certa forma, previamente proposta pela alquimia. Ainda no mesmo texto, Jung afirma que "o alquimista não pratica sua arte por acreditar teoricamente numa correspondência, mas tem uma teoria das correspondências pelo fato de vivenciar a presença da ideia na matéria (*physis*)". Para ele, a psique inconsciente dos antigos alquimistas, simplesmente reagiu ao trabalho com os materiais, criando fantasias, imagens e visões que foram atribuídas como qualidades específicas das substâncias com as quais operavam em seus laboratórios.

Aqui entendemos que Jung, como homem de seu tempo, trata os antigos alquimistas da mesma forma que, em certos momentos, tratou os ditos "povos primitivos", como seres ingênuos desprovidos de um senso crítico que só chegaria, posteriormente, através da ciência. Nesse momento de sua obra ele conclui que os alquimistas apenas "projetavam" sua realidade inconsciente como uma propriedade da matéria, pois eles não sabiam, "no nível da consciência, que a vivência *nada tinha a ver com a matéria propriamente dita*", porém, entre parênteses faz uma ressalva importante: "isto é, (a matéria) tal como hoje a conhecemos".

Dentro desse contexto, enquanto alguns autores dedicados à alquimia reconhecem o importante resgate que Jung fez, nos tempos modernos, da antiga ciência alquímica, outros o criticam por entenderem que ele o fez de forma unilateral ao considerar apenas a dimensão simbólica, psíquica, da alquimia, esquecendo-se do laboratório, do trabalho oficinal alquímico onde a matéria mesma é transformada. Para eles, "a alquimia nunca foi somente um problema de psicologia interior", conforme afirma Gebelein:

> Aqui a questão é, simplesmente, em relação à concepção de Jung [...] opor-se ao aspecto mais decisivo, porque a autoridade do psicólogo suíço fez com que um aspecto absolutamente unilateral da alquimia se transformasse num axioma científico.

Dentro dessa visão crítica, ao fragmentar o trabalho alquímico dessa forma, separando a psique da matéria, Jung está também fragmentando a própria "base histórica" por ele mesmo valorizada, já que, no *solve et coagula* alquímico, matéria e espírito se complementam mutuamente.

Mas a questão de Jung não se encerra nesse ponto, pois ele não mais se afasta do estudo da alquimia e mantém-se aberto para os avanços científicos, principalmente na biologia e na física, que ocorreram em sua época. No prefácio de seu *Mysterium Conjuntionis*, escrito em 1954, ele associa os arquétipos aos padrões de comportamento (*patterns of behaviour*), formas instintivas da biologia, e às "*représentations collectives*" de Lévy-Bruhl. Porém mais adiante, 14 anos após a publicação de *Psicologia e Alquimia*, em uma palestra realizada em maio de 1957, ao refletir sobre as relações entre os objetos (matéria) e a psique ele, de maneira mais cautelosa, considera o que se pode efetivamente conhecer a respeito da matéria:

> Nas ciências da natureza os senhores lidam com um objeto, por assim dizer real, que não está de forma alguma conectado à sua psique. Existe por si só. O que estou dizendo é que os senhores podem morrer e o objeto continua. Em relação ao psíquico trata-se aparentemente de uma questão totalmente subjetiva, pois este funciona apenas enquanto os senhores funcionarem psiquicamente. Se, entretanto, analisarmos essa questão com mais rigor, há – no caso das ciências da natureza – conhecimentos atrelados a um objeto externo *dificilmente cognoscível*. Isto significa que são condicionados pelo objeto. O quanto essas constatações são difíceis indica, por exemplo, a física nuclear moderna. É extremamente difícil criarmos uma imagem a respeito do que acontece na natureza.

Nesse ponto, ao propor que lidamos com um objeto "dificilmente cognoscível", e apontar para a física nuclear moderna, o já idoso Jung, novamente, nos aponta uma direção a seguir.

Arquétipo, Forma e Imagem: No Campo do Significado

A verdade não veio para esse mundo
aberta, mas em tipos e imagens.
Ele [o mundo] não a receberá
em qualquer outro padrão.
(Evangelho de Filipe)

Essa Matéria está diante dos olhos de todos;
todas as pessoas a vêem, tocam, amam, mas
não a conhecem. Ela é gloriosa e vil, preciosa e
insignificante, e é encontrada em toda parte...
Para resumir, nossa Matéria tem tantos
nomes quantas são as coisas do mundo;
Eis por que o tolo não a conhece.
(Waite)

Ao explicar o conceito de arquétipo, Jung afirma que Arquétipo é sinônimo de Ideia no sentido platônico, ou seja, de elemento preexistente e supraordenado aos fenômenos em geral. São formas inatas de intuição, da percepção e da apreensão "que são determinantes necessárias e *a priori* de todos os processos psíquicos". Ao retomar Platão, ele novamente se aproxima do mesmo olhar intuitivo diante dos fenômenos da interface entre matéria e espírito que, como vimos anteriormente, influenciou gnósticos, alquimistas, vitalistas e seus congêneres. Ao entender o arquétipo como uma ideia *a priori*, ele esclarece que as disposições psíquicas inconscientes devem "tratar-se de formas de função as quais denominamos imagens, as quais em seu espectro "expressam não só a forma da atividade exercida, mas também, simultaneamente, a situação típica na qual se desencadeia a atividade. Tais imagens são as "imagens primordiais". Nesse mesmo ponto, ele afirma que o que é específico, típico, nessas disposições intrapsíquicas "já está contido no germe", e ainda que:

> Não podemos subestimar o alcance desta constatação, pois ela significa nada menos do que a presença, em cada psique, de disposições vivas inconscientes, nem por isso menos ativas, de formas ou ideias em sentido platônico que instintivamente pré-formam e influenciam seu pensar, sentir e agir. [...] Por isso devemos ressaltar que os arquétipos são determinados apenas quanto à forma e não quanto ao conteúdo, e no primeiro caso, de um modo muito limitado. [...] O arquétipo é um elemento vazio e formal em si, nada mais sendo do que uma *facultas praeformandi*, uma possibilidade dada a *priori* da forma da sua representação. O que é herdado não são as ideias, mas as formas, as quais, sob esse aspecto particular, correspondem aos instintos igualmente determinados por sua forma.

Dentro dessa "forma", segundo a concepção de Jung, poderemos ter a expressão do arquétipo em um espectro que se manifesta da imagem primordial ao instinto, como ele mesmo define:

> A imagem primordial é, portanto, expressão condensada do processo vivo. Dá um sentido ordenado e coerente às percepções sensoriais e às percepções interiores do espírito que parecem, a princípio, desordenadas e incoerentes, e liberta, assim, a energia psíquica da vinculação à pura e incompreendida percepção dos estímulos, a um sentido determinado que di-

> rige a ação dentro dos parâmetros condizentes com esse sentido. Libera energia acumulada e sem aplicação, conduzindo o espírito para a natureza e dando uma forma espiritual ao instinto puramente natural.

Agora, com essa noção de arquétipo, podemos novamente nos deparar com a questão, anteriormente levantada, da doutrina das assinaturas ou lei dos semelhantes. Pois, se entendermos a forma arquetípica, não como modelo rígido, mas como um "campo de energia" específico com qualidades inerentes e tendências próprias de manifestação; e, se entendermos que "instintos são formas típicas de comportamento, os quais, presentes em toda a natureza a partir de sua matriz biológica, se repetem de maneira uniforme e regular" e liberam sua energia partindo de uma forma imanente que se reflete nas múltiplas "imagens" da natureza; então, poderemos conceber ao que se referiu Paracelso com sua doutrina das assinaturas e observou Hahnemann nas imagens medicamentosas. Isso no que diz respeito à forma do elemento natural e sua relação com os efeitos que ela produz.

Nesse aspecto, buscaremos mais algumas contribuições de Edward Whitmont, o qual, como médico homeopata e analista junguiano também se depara com essa problemática e, em seu livro *Psique e Substância*, propõe que se juntem a psicologia profunda e a homeopatia para um maior entendimento desse campo:

> Podemos mencionar, de passagem, que o psicólogo analítico entende os conceitos alquímicos somente como projeções psicológicas,

> isto é, atividades endopsíquicas ingenuamente atribuídas a uma substância; a questão de não existir eventualmente nenhuma relação entre a substância e as imagens que evoca não foi sequer aventada pela psicologia. O psicólogo moderno, limitado no seu entendimento pelos conceitos habituais da química e da medicina, conhece ainda muito pouco a respeito das tendências dinâmicas das substâncias no que se refere à sua constituição, personalidade e psique, da mesma forma que o homeopata conhece pouco sobre a psicologia profunda. No entanto, juntando a experiência destas duas áreas, pode-se obter uma compreensão mais ampla do "campo do significado", isto é, da sincronicidade psicossomática.

Em outra publicação, intitulada *The Alchemy of Healing*, Whitmont se refere a essas regiões de confluência como "campos arquetípicos" (*archetypal fields*) e explica que nesses, os elementos forma-específicos (*explicate-form elements*) estão sempre em ressonância com suas fontes específicas e irrepresentáveis, podendo ser consideradas como arquétipos nos termos de Jung. Dessa maneira, quando realizamos apropriadamente determinadas "operações" ao nível da substância, isto pode afetar também a forma implícita do campo arquetípico, tal como ocorre com o uso de medicamentos dinamizados na homeopatia ou no estímulo de pontos específicos, nos meridianos de energia da acupuntura, como também afirma Whitmont. Nesse sentido, não se trata de uma relação meramente especular, mas de experiências compartilhadas a partir do vínculo com o campo do significado, ou arquetípico, ou *Anima Mundi* como propunham os antigos.

Ao deparar-se com uma série de efeitos, aparentemente oriundos desses campos arquetípicos, os quais não guardavam entre si nexos causais aparentes, Jung desenvolveu o conceito de sincronicidade. Por sincronicidade, ele entendia "a coincidência, não raramente observada, de fatos subjetivos e objetivos, a qual não pode ser explicada causalmente, pelo menos com os meios e conhecimentos que dispomos atualmente", e também como uma "coincidência significativa" ou "conexão cruzada significativa".

Entendemos que a noção de sincronicidade apenas não pode nos esclarecer a natureza do fenômeno homeopático a não ser que a associemos à causalidade propriamente dita. A similaridade em homeopatia se faz no sentido do espectro da forma, o qual, em termos práticos, é percorrido na variação das dinamizações. Quando Hahnemann fala de *Dosis Minimae*, ele não fala apenas de microdoses, mas sim principalmente do processo de agitação intensa das soluções diluídas – a dinamização - as quais, hipoteticamente, ganham tanto mais "energia medicamentosa" quanto mais são diluídas e dinamizadas. Quanto mais "matéria", ou seja, quanto mais substância existir na solução medicamentosa (as chamadas baixas diluições – 3ª a 6ª centesimal) mais ela estará na faixa do espectro da causalidade onde existem efeitos ponderais, farmacológicos ou até mesmo tóxicos. Porém, se aumentarmos a diluição/dinamização da substância, será principalmente nos níveis supramateriais (abaixo do nº de Avogadro, que indica o número de moléculas que existem em um mol de qualquer substância) que entraremos, gradualmente, nos níveis do espectro que correspondem à energia medicamentosa, ao campo morfológico específico da substância. Assim, as duas perspectivas, a causalidade e a sincronicidade, por não serem mutuamente excludentes, criam entre si um campo de tensão entre a Substância e a Ideia a ela relacionada, o qual traz um significado ou uma forma/padrão específica, relacionada à natureza do objeto em si. A propósito do campo de significado, Whitmont também afirma:

> Descreve-se um campo como sendo uma espécie de tensão ou *stress* que pode existir no espaço vazio, na ausência da matéria. Ele se revela no fato de que os objetos materiais, que porventura estiverem no espaço ocupado pelo campo, reagem às suas forças de maneira característica. Esta resposta é determinada, de um lado, pelo tipo do campo (p.ex., os diferentes padrões da limalha de ferro num campo magnético unipolar ou bipolar) e, por outro, pela reação característica peculiar do objeto (p.ex., uma agulha magnética reage com um desvio e um tubo de neon com um fenômeno de luz quando colocados no mesmo campo elétrico. Um pedaço de madeira não terá nenhuma reação). Portanto, o campo é uma espécie de entidade transcendental jamais diretamente observável e que conhecemos apenas através do comportamento peculiar dos objetos por ele afetados e através dos quais ele se manifesta.
>
> Do mesmo modo, o "significado" transcendental inerente às ocorrências sincrônicas manifesta-se somente através dos objetos aos quais afeta e os quais, cada um na sua manei-

> ra própria e característica, dão lhe expressão. Portanto, sempre que um "campo de significado" surge no curso da existência ou, melhor dizendo, nosso curso de vida atravessa um "campo de significado", este campo se manifesta através de eventos em vários níveis (isto é, psique, soma).

Ao falar dos vários níveis de manifestação nos campos de significado ou arquetípicos, esse autor toca em uma condição importante que é a natureza espectral desses campos. Vimos esse aspecto representado quando aqui trouxemos exemplos da estratificação em sete níveis, e essa mesma questão retorna ao entendermos, dentro da física moderna, que matéria e energia correspondem aos limites de um espectro que traz em si um campo, uma zona de tensão (entre matéria e espírito). Essa noção de espectro mostra-se, como falamos anteriormente, de grande importância na prática homeopática no que diz respeito à prescrição de soluções dinamizadas, como veremos mais adiante.

Outra questão importante diz respeito aos aspectos qualitativos desses campos, que aqui também chamaremos de arquetípicos. Ao falar de sincronicidade, Jung admite que se trata de um conceito abstrato e de difícil visualização (*unanschauliche*). E chama a atenção para o fato de que, se aceitarmos que o comportamento significativo, de certa forma inteligente, de outras formas de vida ou mesmo seres inanimados estão incluídos nesse conceito, teremos que abandonar a ideia de uma psique humana cerebral a favor de uma psique ampliada que inclua também os níveis não humanos, conforme a antiga e preciosa noção de *Unus Mundus*.

> Parece que lidamos com um fator de sentido formal ou formativo, independente de qualquer atividade cerebral, que se expressa igualmente através das coisas inanimadas, do corpo e da psique. Isto está novamente em completo acordo com a física nuclear, conforme diz Schroedinger, isto é, que é a forma, e não a substância, o conceito fundamental subjacente ao dinamismo da matéria. Encontramos, aqui, a dinâmica daquilo que os filósofos medievais chamavam de *cause formalis*, poder de comando de uma intenção de forma inerente ou *entelechy*.

O termo enteléquia, desenvolvido por Aristóteles e utilizado aqui por Whitmont, que o compara aos termos Impulso à Individuação de Jung e ao Campo do *Self* de Neumann, vem do grego ἐντελέχεια, de *en*, "dentro" e *telos*, "finalidade": finalidade interior + *echein*, "ter", e significa ter uma finalidade interior. Abordada dessa forma, a enteléquia não se opõe necessariamente à noção de Ideia no sentido arquetípico proposto por Platão. Se enteléquia é o Ser em ato (animado ou inanimado), isto é, que realiza seu potencial na forma, podemos entender que, no campo do significado, a forma reflete também a ideia arquetípica, ou seja, surge como uma expressão da tensão existente no campo. Na enteléquia temos a informação, presente na matéria como os arranjos moleculares nos cristais ou no DNA, enquanto na ideia encontramos a imagem apriorística da forma a ser expressa. Assim, novamente, teremos o fenômeno se deslocando através dos domínios da causalidade, finalidade e sincronicidade, incluídos no espectro universal. Causalidade, finalidade e sincronicidade são formas diferentes de apercepção do fenômeno e funcionam de maneira complementar, assim como nossos sentidos de tato, audição e olfato. Se assim for, poderemos perceber que existem inúmeros fenômenos que ocorrem na interface, nos "*loci*" onde essas apercepções se interpenetram, são fenômenos de campo.

Na física, campos são regiões imateriais de influência, de padrões de informação e ação a distância. Através deles, a informação e a forma, princípios definitivos e *quasi-transcedentais* de nossa natureza, influenciam e atuam no meio circundante. Esse fato, que traz em si inumeráveis desdobramentos, nos permite compreender, por analogia, de que forma podem atuar os campos arquetípicos. Esse fato também pode nos ajudar a compreender como um indivíduo previamente saudável desenvolve sintomas específicos e reprodutíveis ao ingerir poucas gotas de uma solução imaterial de Sulphur (enxofre); e também pensar que nossos antigos e sábios alquimistas, ao interagir, em seus misteriosos laboratórios, com o mesmo Sulphur, não estivessem produzindo meras fantasias, mas sim experimentando e reagindo a fenômenos de campo induzidos pelo contato com essa substância.

Do Psicoide ao Psicossomático

> Como a psique e a matéria estão encerradas em um só e mesmo mundo, e, além disso, se acham permanentemente em contato entre si, e em última análise se assentam em fatores transcendentes e irrepresentáveis, há não só a possibilidade, mas até mesmo uma certa probabilidade de que a matéria e a psique sejam dois aspectos diferentes de uma só e mesma coisa.
> (Jung)

Ao escrever suas *Considerações Teóricas Sobre a Natureza do Psíquico*, Jung aborda a dissociabilidade entre a psique inconsciente e consciente, como um dos fatores geradores de sintomas e adoecimento. Nesse momento ele fala do limiar existente entre o inconsciente e a consciência, e aponta para a dinâmica da energia psíquica nessa interface. Alguns conteúdos psíquicos do inconsciente não chegam à consciência por serem reprimidos, enquanto outros não o fazem por serem profundos demais, isto é, porque a consciência simplesmente não ser capaz de concebê-los. Aí nos deparamos novamente com fenômenos de campo da energia psíquica, que podem surgir na forma de sinais e sintomas:

> [...] há um potencial de energia capaz de os conduzir (os conteúdos inconscientes) ao estado de consciência, o sujeito secundário atua sobre a consciência do eu, mas de maneira indireta, isto é, através de "símbolos" [...]. Quer dizer, os conteúdos que aparecem na consciência são primeiramente *sintomáticos*. Na medida, porém, em que sabemos ou acreditamos saber a que é que eles se referem ou em que se baseiam, eles são *semióticos* [...]. Os conteúdos sintomáticos são, em parte, verdadeiramente simbólicos e são representantes indiretos de estados ou processos inconscientes cuja natureza só pode ser deduzida imperfeitamente e só pode tornar-se consciente a partir dos conteúdos que aparecem na consciência.

Não podemos deixar aqui de nos referir aos experimentos controlados da patogenesia homeopática, onde os medicamentos, ao atuarem na *energia vital* inconsciente, produzem sintomas característicos, reproduzíveis e, por isso, naturalmente dedutíveis, diferentes dos sintomas espontâneos. São esses sintomas que, ao sabermos ao que se referem e em que se baseia seu surgimento, como disse Jung, nos permitem desenvolver uma semiótica homeopática. Nesse caso, não são sintomas que brotam espontaneamente do inconsciente "ou representantes indiretos de processos inconscientes", mas sim sintomas físicos e psíquicos provocados pela ingestão de soluções que contêm a energia, a expressão da Assinatura ou mesmo do Instinto de determinada entidade natural – mineral, vegetal ou animal – a qual possivelmente atua através de seu campo arquetípico. Na patogenesia, o experimentador, da mesma forma que o doente na clínica, reproduz, ou melhor, vive em si o sofrimento da entidade natural cujo preparado ingeriu.

Essa afirmação, que pode parecer descabida para alguns, constitui um entendimento corrente na rotina da prática homeopática, e Jung nos traz uma possibilidade de compreendê-la ao falar da natureza psicoide do arquétipo.

Bleuler define psicoide, dentro de uma visão mais biológica, como "a soma de todas as funções mnésicas do corpo e do sistema nervoso, orientadas para um fim e destinadas à conservação da vida", enquanto Jung, ao escrever sobre Instinto e Vontade entende o fenômeno psicoide como um fenômeno que ocorre no limiar entre o físico e o psíquico e está associado ao instinto, pois: "tudo o que se pode afirmar com alguma certeza é que os instintos possuem uma aspecto fisiológico e um aspecto psicológico".

Para Jung o arquétipo é um princípio formador da força instintiva, cujas "representações são estruturas amplamente variadas que nos remetem para uma forma básica *irrepresentável* que se caracteriza por certos elementos *formais* e determinados *significados* fundamentais, os quais, entretanto, só podem ser apreendidos de maneira aproximativa". Dessa forma, o arquétipo em si é um fator psicoide que pertence à parte invisível tanto do espectro psíquico, quanto do espectro físico. Por isso, é proposto que se utilize o termo psicoide não como substantivo, mas como um adjetivo que podemos utilizar para descrever a natureza dos processos relacionados ao que chamamos anteriormente de campo arquetípico, a essa zona de tensão que a energia proveniente do arquétipo produz na alma.

Ao falar da natureza psicoide do arquétipo, Jung refina a noção do arquétipo trazendo-a para mais perto da matéria ou, melhor dizendo, coloca-o além dos limites das esferas tanto psíquica quanto física e o relaciona "analogamente à posição do instinto fisiológico que tem suas raízes no organismo material e com sua natureza psicoide constitui a *ponte* de passagem à matéria em geral".

Diante do exposto não seria inadequado afirmar que os fenômenos reguladores da saúde e da doença regidos pela energia vital são essencialmente psicoides. A interface psicossomática, independente da abordagem que queiramos utilizar, é essencialmente psicoide. Seria mesmo interessante se pudéssemos sair do termo psicossomático, que traz em si uma cisão, uma denegação, como ouvimos de Walter Boechat, e utilizar o termo psicoide para abordar esses fenômenos. E é aqui que devemos entender a experiência homeopática como sendo de natureza totalmente psicoide, pois, ao descrever empiricamente padrões de comportamento analógicos que se reproduzem instintivamente tanto nos seres naturais quanto no homem, ela nos abre um horizonte quase ilimitado para o entendimento de conceitos da psicologia profunda. Da natureza dos arquétipos e de um inconsciente coletivo que abarca tanto o homem quanto os seres não humanos que compõem o mundo em que vivemos.

II. A EXPERIÊNCIA HOMEOPÁTICA

Ao afirmar que "instinto e forma arcaica coincidem no conceito biológico de *pattern of behaviour*", isto é, forma ou padrão de comportamento, Jung nos dá uma chave para compreender a correspondência entre os campos arquetípicos e os padrões medicamentosos observados na homeopatia. Os padrões ou imagens medicamentosas homeopáticos são, na realidade, padrões comportamentais de natureza instintiva, provocados ou observados naturalmente em indivíduos, sejam eles tratados ou não. Esses padrões trazem em si uma forma típica de apresentação, o que também condiz com a afirmação de Jung em seu *A Natureza da Psique*: "de fato, não há instinto amorfo, pois cada instinto reproduz a forma de sua situação. Ele realiza sempre uma imagem que possui qualidades fixas. O instinto da formiga-cortadeira [saúva] realiza-se na imagem da formiga, da árvore, da folha, do corte, do transporte e no pequeno jardim de fungos, cultivado pelas formigas". Se aproveitarmos o exemplo, aqui utilizado por Jung, que fala do instinto que se realiza na imagem da formiga e buscarmos na matéria médica homeopática, encontraremos o medicamento *Formica rufa* (formiga vermelha), um tipo de formiga cortadeira. Os experimentadores da *Formica rufam* dinamizada apresentam sintomas físicos de inflamações e dores articulares em queimação, os quais podemos relacionar com os efeitos diretos de uma picada de formiga; mas também apresentam uma série de sintomas psíquicos. Alguns sintomas psíquicos descritos na matéria médica são: excitação mental e física com alegria e hilaridade seguida de depressão, irritabilidade e apatia, industriosidade, humor variável, ilusão de que o cérebro ou a cabeça estão aumentados, indolência e aversão a trabalhar, inquietação e nervosismo, agravação dos sintomas à noite, preocupações sem motivo com outras pessoas e familiares, medo súbito da morte, e sonhos vívidos onde o experimentador "via uma procissão fúnebre, com um grande caixão e muitos outros menores; as pessoas haviam morrido de escarlatina".

No exemplo acima, com um pouco de atenção, poderemos notar o desenrolar de um fenômeno psicoide, ou seja, como a imagem instintiva da formiga "se move" por detrás dos sintomas ativados no corpo e na psique humanos. A noção que temos é que o mesmo padrão arquetípico que está presente na formiga provoca sensações e reações no sistema humano que reage a ele de forma positiva ou negativa. É claro que não estamos diante de um "homem formiga", mas as situações de excitação e apatia, alterações referentes ao ato de trabalhar, nervosismo, "cabeça grande", agravação noturna dos sintomas, medo de morte súbita (que ocorre com insetos), e sonhos com procissões, com caixões que serão enterrados, de pessoas que morreram de escarlatina (*scarlet fever*), naturalmente nos evocam a imagem, a Assinatura, de um padrão instintivo relacionável ao ser da formiga vermelha.

Na situação acima temos, através da matéria médica homeopática, a demonstração empírica de como uma forma de instinto, partindo do animal, encontra ressonância, ou se reflete no ser humano. Talvez essa seja a resposta para a questão trazida por Jung ainda em seu livro *A Natureza da Psique*:

> Embora seja provável que exista uma forma de instinto na biologia humana, contudo, parece que é difícil provar empiricamente a existência de tipos distintos, porque o órgão com o qual poderíamos apreender esses tipos, ou seja, a consciência é em si mesmo, não só uma transformação, mas também um transformador da imagem instintiva original. Por isto não é de surpreender que a mente humana considere impossível determinar tipos de pessoas, semelhante ao que conhecemos no reino animal. Devo confessar que não consigo ver uma via direta para resolver esse problema. Entretanto, consegui – ao que me parece – descobrir pelo menos uma via indireta para chegar à imagem instintiva.

A via indireta, da qual Jung fala com muita propriedade, corresponde aos sonhos, mas também poderia corresponder às práticas mágicas e ritualísticas desenvolvidas pelos Pajés e Xamãs onde se identificam os animais totêmicos, ou mesmo aos *daimones* gregos. Mas ao afirmar que para a mente humana é "impossível determinar tipos de pessoas, semelhantes ao que conhecemos no reino animal", Jung demonstra ser um desconhecedor dos experimentos em homeopatia. A patogenesia e a prática homeopática nos trazem provas empíricas, mensuráveis e verificáveis à observação de nossa consciência objetiva, da existência de tipos e formas de instintos na biologia humana, que são compartilhados com a natureza através de um determinado núcleo arquetípico. Queremos com isso afirmar, sim, de maneira heurística e não dogmática, que existe uma via direta para resolver esse problema e que essa via está na homeopatia.

É natural que, dentro dos paradigmas habituais, essa afirmação cause certo estranhamento e é a respeito disso que Whitmont nos fala em seu *Psique e Substância*:

> A homeopatia oferece-nos um verdadeiro tesouro em informações de ordem prática, extremamente confusos à primeira vista e devastadores em função do pensamento científico tradicional. Se porventura esses dados fossem aceitos para verificação, provocariam uma revisão de várias posições básicas na fisiologia, psicobiologia e na patologia. A química e a mecânica não mais poderiam ser consideradas como reguladores fundamentais. Forma, imagens – como padrões arquetípicos autônomos, realmente transcendentais, anteriores às substâncias e interagindo com elas, dirigindo a força vital, portanto a bioquímica, fisiologia e psicologia – provariam ser os reguladores básicos. Estas formas padrões autônomas transcendem, bem como incluem aquilo que, por hábito, separamos em compartimentos classificados: interior exterior, alma e corpo, homem e natureza, saúde e patologia, matéria sólida e energia impalpável. "Tudo que é transitório é apenas um símbolo..." (Goethe, *Fausto*). E, contudo, esta ciência imagética, disposta e capaz de pensar em padrões simbólicos, está atualmente ainda engatinhando e não existia na época de Hahnemann. Consequentemente, de acordo com os cientistas ortodoxos, os

> fundamentos teóricos da homeopatia não podiam e "não deviam" ser considerados como verdadeiros. Eles assim pensavam não porque não funcionasse, mas porque "simplesmente não podia funcionar", fundamentavam-se *a priori* em convicções preconceituosas. Como resultado, médicos e biólogos recusaram-se a investigar o alcance da homeopatia através de experiências clínicas. Aqueles poucos que tentaram, tornaram-se homeopatas convictos.

Atualmente, as resistências à investigação experimental da homeopatia têm diminuído, e, apesar do escasso interesse da indústria farmacêutica e das universidades, um número crescente de estudos experimentais de qualidade têm surgido. É o caso do artigo *Ultra-diluted Toxicodendron pubescens attenuates proinflammatory cytokines and ROSmediated neuropathic pain in rats* (Shital, 2018), desenvolvido por um grupo de pesquisadores indianos e publicado na prestigiosa revista *Nature - International Journal of Science*. Esse trabalho mostra a efetiva ação anti-inflamatória de uma solução de folhas de *Rhus toxicodendron,* preparada em diluições homeopáticas, em animais de laboratório. Não haveria nenhum "problema científico" nesse caso se as soluções utilizadas não fossem diluídas na proporção de $1x10^{12}$, na fração no trilionésimo, ou seja, em um nível onde se considera que a substância é praticamente inexistente.

Das informações trazidas pela homeopatia, uma que nos interessa particularmente é a que diz respeito aos tipos distintos de instintos ou pessoas, como propõe Jung. Essa tipologia homeopática, como já dissemos, é observável empiricamente e na prática clínica e corresponde, em nosso entendimento, a uma expressão de natureza arquetípica encontrada nos seres naturais e no ser humano. Essa expressão é mais ou menos perceptível, dependendo do nível de homeostase em que se encontra o indivíduo. No adoecimento, esse padrão natural emerge como modos reacionais, como estratégias de compensação que dificultam a ação sanadora da energia vital, que é capaz de restabelecer a condição humana necessária ao equilíbrio.

Conforme afirma Twentyman, "a ideia da planta medicinal, que é a unidade da planta na natureza, também é a ideia da doença" e "o reino humano não é o reino da natureza, e a manifestação da ideia de *Pulsatilla* no homem é uma metamorfose maior num reino que está acima da natureza". Não somos unos com a natureza apesar de termos nascido dela, e o contato do ser humano com essas formas naturais de instinto é inevitável e conflituoso, pois através dessa dimensão herdada, a *natura mater* exerce seu poder. No homem, a mesma forma arquetípica que se expressa na planta se desdobra e se amplia em complexos sintomáticos que contêm tanto elementos da "coisa em si", quanto elementos da expressão humana alterados por essa "energia", conforme vimos no exemplo da *Formica ruffa*. Nesse caso há uma transformação, uma potencialização da forma arquetípica que desenvolve seu *pathos* no terreno da alma humana, pois, conforme afirmou o filósofo naturalista Lorenz Oken, os processos fisiológicos nos animais são processos patológicos no homem. Ou os processos saudáveis em animais são doenças no homem. Por isso Hahnemann reconhecia que a natureza, sem ajuda, não cura; ela exagera ou é inócua. O processo de cura, nesse caso, deve ser conduzido dentro de uma perspectiva alquímica, através do que há de mais profundo na individualidade humana do paciente – a energia vital como expressão do *self* – e pela intuição e razão do médico, naquilo que Hahnemann chamou de *A Nova Arte da Cura*.

Cabe aqui retomarmos a noção do humano como uma ponte entre a natureza e o espírito, onde trazemos em nós, em nossa força vital, energias ou expressões não humanas. E essa expressão não humana em nós é um fator que nos diferencia, a cada um, de outros seres humanos, constituindo uma tipologia somatopsíquica profunda, ou, poderíamos dizer, uma espécie de daimonologia. Como nos ensinavam os antigos gregos, felicidade é estar em *eudaimonia*, ou seja, viver em equilíbrio ou estar em uma boa disposição com seu próprio *daimon* de origem divina, o qual é relacionado a um animal ou força da natureza. James Hillman, em seu livro *O Código do Ser*, resume a ideia encontrada em Platão, no Mito de Er:

> A alma de cada um de nós recebe um *daimon* único, antes de nascer, que escolhe uma imagem ou um padrão a ser vivido na terra. Esse companheiro da alma, o *daimon*, nos guia aqui. Na chegada, porém, esquecemos tudo o que aconteceu e achamos que chegamos vazios a esse mundo. O *daimon* lembra do que está em sua imagem e pertence ao seu padrão, e portanto o seu *daimon* é portador de seu destino.

Dentro da homeopatia, o médico indiano Rajan Sankaran, um dos expoentes da contemporânea abordagem sistêmica em homeopatia e criador de um interessante e eficaz sistema de diagnóstico clínico, afirma em seu livro *A Sensação em Homeopatia*, que "a energia não humana forma uma pequena parte, embora significativa, do homem. Ela se mescla à *anima* do organismo, que, por si só, deve ser puramente humana". Para ele, essa parte não humana nos concede individualidade e faz parte de nossa natureza de maneira tão própria e intrínseca que é realmente impossível para nossa consciência identificá-la diretamente, como propôs Jung. Dessa maneira, o espírito humano ou a força vital do organismo são influenciados, alterados ou caracterizados por essa forma ou padrão não humano, ou seja:

> Todas as buscas do organismo agora têm sua cor ou qualidades distintas, e todos os seus processos fisiológicos ficam, da mesma forma, alterados sob a influência dessa força vital alterada. Isso se reflete em uma visão modificada e muito singular da realidade, em um estado mental único, e em sensações e sintomas anormais em várias partes do corpo. A parte não humana, assim, se expressa em todos os planos do organismo. Devemos enfatizar aqui que estamos falando sobre uma alteração e não sobre uma substituição. O espírito humano é alterado pela presença de uma energia não humana, mas não é substituído por ela. Assim, o ser humano continua a viver da mesma forma que outros seres humanos vivem; seus objetivos, aspirações e buscas serão todos humanos, embora com certa distinção. Suas funções fisiológicas podem estar todas dentro dos limites normais, mas terão um caráter in-

dividual, que se refletirá em sintomas individuais e característicos.

O reconhecimento dessas características individuais nos processos da vida humana, notadamente quando há um adoecimento, é o principal objetivo da prática homeopática e pode constituir para nós, terapeutas que lidamos dentro da perspectiva ampliada de um inconsciente arquetípico, um elemento importante. Cientes desse fato, entendemos que seria importante aprofundar um pouco mais a compreensão de como se faz para identificar esses tipos característicos, como se busca o diagnóstico homeopático, e que resultados podemos encontrar nessa abordagem. Para tanto faremos uma descrição simplificada do modelo e do método da abordagem sistêmica em homeopatia, seguido de alguns casos clínicos.

Homeopatia Sistêmica: os níveis e os reinos

Como na psicologia profunda, existem diversas abordagens e entendimentos que foram se desenvolvendo na homeopatia a partir dos trabalhos e observações de seu fundador. Aqui vamos utilizar o modelo teórico e o método desenvolvido pelo médico homeopata indiano Rajan Sankaran. Nossa escolha se deve ao fato de que, esse modelo, ao mesmo tempo em que se mantém estritamente dentro da práxis hahnemanniana, no sentido científico das observações e das patogenesias da matéria médica, traz uma ampliação inserindo o raciocínio clínico dentro de uma visão sistêmica que nos evoca a noção de *Unus Mundus* e de um inconsciente coletivo ampliado, concebido como um sistema energético onde todos os seres da natureza se incluem.

A abordagem de Sankaran, a quem tivemos a oportunidade de conhecer pessoalmente, é de uma simplicidade desconcertante e assaz difícil, pois nos pede uma atitude de neutralidade e falta de preconceitos diante do paciente, um refinado senso de observação, e um profundo conhecimento da matéria médica, sem excluir, acima de tudo, uma grande dose de intuição. Ao ler as obras de Sankaran é impossível não notar o quanto sua abordagem do paciente se aproxima da proposta por Jung no sentido do acolhimento do caso e da observação. Posto isso, como ilustração dessa abordagem, vamos nos permitir aqui transcrever um conto taoísta trazido por Sankaran no prólogo do *A Sensação em Homeopatia*:

> O duque Mu da China disse a Po Lo: "Você está bem entrado em anos. Haverá alguém em sua família capaz de substituí-lo na tarefa de procurar cavalos para mim?" Po Lo respondeu: "Um bom cavalo pode ser selecionado por sua aparência e constituição física. Mas o cavalo fora de série, o que não levanta poeira nem deixa rastro, é algo evanescente e fugidio, tão intangível quanto o ar rarefeito. Os talentos de meus filhos situam-se em plano definitivamente inferior: reconhecem um bom cavalo quando o veem, mas são incapazes de identificar um cavalo excepcional. No entanto, tenho um amigo chamado Chiu-Fang Kao, um vendedor de lenha e de legumes, que não fica nada a me dever em matéria de cavalos.

Por favor, fale com ele." O duque Mu assim fez, enviando-o logo depois em busca de um cavalo. Passados três meses, ele voltou anunciando que o encontrara. "Está agora em Sa-ch'iu", acrescentou. "Que tipo de cavalo é ele?", perguntou o duque. "Ah, é uma égua baia", foi a resposta. Porém, quando alguém foi buscar o animal, verificou-se que era um garanhão negro como carvão! Muito contrariado, o duque mandou chamar Po Lo. "Esse seu amigo", disse ele, "que contratei para encontrar um cavalo, meteu os pés pelas mãos. Ora bolas, não sabe nem distinguir a cor ou o sexo de um animal! O que é que ele pode entender de cavalos?" Po Lo soltou um suspiro de satisfação. "Será mesmo que ele chegou a tal ponto?", perguntou em tom excitado. "Ah, então ele é dez mil vezes melhor do que eu. Não há comparação entre nós. O que o Kao tem em mira são os elementos espirituais. Certificando-se do essencial, esquece os detalhes comezinhos; concentrando-se nas qualidades internas, perde de vista os sinais exteriores. Ele vê o que quer ver, e não o que não quer ver. Vê o que precisa ver e esquece o que não precisa ver. Kao é tão sábio como avaliador de cavalos que deveria julgar algo melhor do que simples animais." Quando o animal finalmente chegou, acabou se mostrando, de fato, que era excelente.

Os Níveis

Quando no texto acima, Po Lo fala dos elementos espirituais e das qualidades internas *versus* os sinais exteriores, ele nos aponta para o que Sankaran, na mesma publicação, denomina de níveis de experiência da patologia, dos diversos níveis em que experimentamos o distúrbio da energia vital.

São sete, os níveis propostos:

- **Nível 1:** o Nome.

O nível 1 se refere à queixa clínica conforme surge no diagnóstico, o nome da doença, uma cólica menstrual ou dismenorreia, por exemplo.

- **Nível 2:** o Fato.

Aqui temos a percepção ou expressão local do fenômeno como sintoma. No exemplo acima, poderia ser uma dor em cólica no baixo ventre.

- **Nível 3:** Sentimento ou emoção.

Nesse nível surge a experiência emocional relacionada ao transtorno, como raiva, irritabilidade ou ansiedade, associados ao sintoma.

- **Nível 4:** Ilusão.

Refere-se ao nível de ilusão ou das ideações ou interpretações diante do adoecimento. Por exemplo, em vez de deter-se na dismenorreia (nível 1), na dor aguda no ventre (nível 2) ou na irritação (nível 3), a paciente pode pensar: "essa cólica é igual à de minha mãe, que não queria engravidar".

- **Nível 5:** Sensação Vital.

Aqui o transtorno, é vivenciado pelo paciente de maneira geral, mais profunda e difusa, como uma sensação geral e familiar, como um tipo de incômodo presente e observável em muitas situações anteriores durante sua vida. Semelhante à energia, a sensação é um elo entre as várias funções do corpo e da psique. Segundo Sankaran, no estado de saúde e equilíbrio não há uma sensação geral fixa. Quando a força vital está em ordem, as sensações são variáveis e livres, pois estão dentro das experiências da alma humana que se relaciona com o ambiente e com os outros seres de modo espontâneo e consciente. O surgimento de uma sensação fixa anormal, de maneira inata em momentos de conflito, adoecimento ou neurose, é expressão do padrão natural não humano em nós, é uma expressão psicoide do transtorno, sobre a qual iremos nos aprofundar mais adiante. No exemplo acima poderia ser a de embotamento mental, indiferença e peso, como se algo retido precisasse ou estivesse sendo eliminado.

Aqui é importante diferenciar da sensação como função psíquica definida por Jung. Para ele, a sensação está ligada aos sentidos e à percepção de um estímulo físico e pode ser objetiva ou subjetiva, relacionada aos órgãos externos ou mesmo internos. Para Sankaran, a sensação vital é o discernimento ou consciência (percepção) de qualquer experiência, pode ser geral ou local e tende a ser de natureza mais proprioceptiva.

- **Nível 6:** Energia ou Fonte.

Nesse nível, a vivência do transtorno ou queixas estarão relacionadas à fonte, à assinatura ou forma de um determinado padrão energético.

- **Nível 7:** *Blank* ou a forma vazia.

A experiência nesse nível é do espaço dito vazio, que traz

a forma que abriga e sustenta o padrão de energia. Esse seria análogo ao campo arquetípico, pois, citando novamente Jung em seu *Os Arquétipos e o Inconsciente Coletivo*: "arquétipo é um elemento vazio e formal em si, nada mais sendo do que uma *facultas praeformandi*, uma possibilidade dada a *priori* da forma da sua representação".

Para entendermos de uma maneira mais prática o conceito de níveis e sua aplicação, devemos recorrer novamente a Sankaran:

> À medida que trabalhei com esse conceito, percebi que cada nível tinha como base o nível mais profundo que ele. Assim, as emoções são baseadas em uma falsa percepção da realidade ou ilusão. Da mesma maneira, ilusão é baseada na sensação, e a sensação explorada em seu ponto mais profundo revelará a energia. Vamos considerar o exemplo de uma criança com medo do escuro. Esse medo pode ser baseado na ilusão de que há um fantasma no escuro. Quando essa imagem é explorada mais profundamente, ela pode descrever o fantasma como alguém grande que se ergue sobre ela, sendo ela pequenininha. Sua experiência do fantasma está no termo grande versus pequeno, cuja sensação não é específica do ser humano.
>
> Em certa altura, fiz a pergunta: "E a energia é baseada em quê? Há alguma coisa mais profunda que a energia?". No meu entendimento a energia carece de sensação, não tem nenhuma experiência somática ou mental. Quando a energia é captada pelos neurônios, ela é traduzida em sensação. Portanto, a energia é a base para a sensação. A energia é caracterizada por

> movimento e se manifesta em padrões, em cores, em velocidade, em direção. O que pode ser mais profundo que energia é aquilo na qual a energia se manifesta, um cenário. Isso é o que chamo de sétimo nível. Podemos comparar esse nível a um teatro, que tem como objetivo pôr em cena um filme ou uma peça. [...] Depois que o evento acaba, o padrão de energia não existe mais, mas o espaço no qual ele ocorreu ainda permanece. Esse espaço ainda é específico para aquele padrão de energia. Esse vazio específico é o *sétimo nível.*

Não é de causar espanto que Sankaran, assim como os esoteristas, se utilize do setenário para estratificar os níveis de consciência ou, neste caso, da observação clínica. Mas o que nos interessa aqui é como esse sistema pode nos auxiliar a melhor compreender o adoecimento.

Os Reinos

A anamnese e a observação clínica na homeopatia sistêmica devem-se fazer buscando identificar os diversos níveis da experiência e isso, na prática, é possível até o sexto nível, sendo o quinto nível, o da sensação, o mais peculiar e útil para a identificação do medicamento. Esse nível, o da sensação vital, é onde se situa o fenômeno da interface energia/matéria sobre o qual falamos anteriormente. Esse é o nível onde se observa a natureza psicoide do fenômeno. A sensação vital está sempre presente nos desequilíbrios, apesar de não ser percebida facilmente, e é nesse nível que os padrões instintivos, estratégias de sobrevivência, ou núcleos de sofrimento, como também chamamos, evidenciam de maneira mais clara a atuação do não humano em nós.

> Parece que a sensação vital não é específica dos seres humanos; é o que compartilhamos com outras substâncias e seres da terra. Enquanto a energia é universal, a sensação é global. Por exemplo, as experiências de uma pessoa podem estar confinadas à sensação vital de "pressão" e, na natureza, podemos ver certos elementos, como metais, que estão sujeitos à pressão, e plantas e animais que também podem ser sensíveis à pressão. Quando uma pessoa está no estado de saúde, ela pode vivenciar a pressão como resultado de mudanças no seu ambiente físico ou emocional, mas essa sensação só perdura enquanto perdurar essa mudança e, no caso de surgir uma situação diferente, também surge outra sensação apropriada. Mas, no caso da doença, a sensação de pressão que é vivenciada é semelhante à pressão experimentada por um mineral ou planta ou animal, em vez da experiência transitória e apropriada da pressão de um ser humano saudável. O nível da sensação, portanto, nos conecta com todas as coisas na Terra e, nesse nível, a medicina fica conectada à botânica, à zoologia, à química, à metalurgia, à geologia, à física e a várias ciências naturais.

É essa conexão, descrita por Sankaran, que caracteriza a visão sistêmica em homeopatia e que permite novamente que a medicina se ocupe do homem dentro da *Via Medicatrix Naturae* como propôs Hahnemann. Mas, como acabamos de ver, se tivermos na prática um paciente com uma determinada sensação, teremos ainda que diferenciar o reino e a espécie, ou tipo de elemento, a ela relacionados, antes de chegarmos a um diagnóstico.

Quando acima descrevemos os níveis, utilizamos, como exemplo, uma paciente com um quadro de dismenorreia. Se analisarmos alguns sintomas descritos, levando em conta a queixa principal e as sensações descritas, teremos, com a maior e mesma pontuação, dois medicamentos: um do reino vegetal, *Pulsatilla nigricans*, e outro do reino animal, *Sepia succus*.

Nesse caso teremos que fazer o diagnóstico diferencial do reino ao qual pertence o padrão de sensação identificada, e isso se fará ao observarmos outras características apresentadas pelo paciente como a atitude corporal e o comportamento durante o atendimento, a forma de se vestir, o tipo e a forma de narrativa e as palavras que mais utiliza, os gestos que faz e assim por diante.

Não queremos aqui entrar em maiores detalhes no complexo trabalho do diagnóstico homeopático, pois iria além de nossa proposta. Mas queremos mostrar como se evidencia nos indivíduos a tipologia dos diversos reinos: mineral, vegetal e animal, principalmente em seus aspectos psíquicos.

Nos pacientes relacionados ao **reino mineral** a palavra-chave é *estrutura*, pois os minerais existem por sua estrutura química e molecular. Como caráter, são sistemáticos, calculistas, organizados, exigentes e conservadores. Seus interesses e objetivos são voltados para o trabalho, a casa, coisas estruturadas e organizadas, relações, dinheiro, desafios e esforços.

Seus temores são relacionados ao medo de perder algo ou alguém, quebra ou ruptura de sua estrutura (identidade, segurança, rendimento ou poder) e fracasso. Em suas narrativas falam de suas relações, seu lar e sua família, seu dinheiro, sua saúde, seu desempenho, seu trabalho e sobre seu corpo de forma objetiva (articulações, músculos, pele, cérebro).

Nos pacientes do **reino vegetal** a palavra-chave é *sensibilidade*, visto que é pela sensibilidade e pelo tropismo que eles se mantêm e desenvolvem. Seu modo de expressão tende a ser cambiante, instável e adaptável, e seu caráter tende a ser oscilante, suave ou irritável, sensível aos estímulos e expressões externas, reativo, sentimental, emotivo e desorganizado. Seus interesses são diversos e tendem para as artes, música, natureza e coisas que falem à sensibilidade. Seus temores são de serem feridos, machucados, traumatizados e de sentirem dor. Em suas falas, se referem àquilo que os fazem se sentirem afetados, ao que são sensíveis, ao que os machuca, que os comove, ao que não conseguem suportar, e sua narrativa tende a ser confusa, cheia de rodeios, descritiva e pouco conclusiva.

Nos pacientes do **reino animal** nos defrontamos com a luta pela sobrevivência e pela reprodução e sua palavra-chave é *competição*. Aqui, as relações tendem a ser colocadas em termos de vítima e agressor e seu modo e expressão é inquieto, variado, multifacetado e brusco. Sua natureza é amorosa ou agressiva, solícita, brincalhona, alerta, sensual, maliciosa, comunicativa, ciumenta e animada. Buscam atenção e o contato visual, e temem perder seus atrativos, sofrer ataques, ser desprezados e isolados. Em suas narrativas, são loquazes e falam objetivamente de conflitos externos e internos, dominação, sexualidade e sentimentos de grupo e usam expressões como: "vou pular ou voar em cima dele", "ela é melhor ou mais bonita que eu", "as pessoas são cruéis", "não consigo me aceitar", "vou ganhar dele".

No exemplo acima, se nossa paciente for uma pessoa suave e emotiva, e se apresentar vestida de cores alegres e motivos florais, com discurso sensível e floreado, talvez estejamos diante de uma *Pulsatilla* ou *Anemona pratensis*, um arbusto florido que cresce nos prados. Mas se nos deparamos com uma paciente mais séria e reservada, vestida de cores sóbrias ou preto, de olhar profundo e atento, gestos contidos e um insuspeito amor à dança, possivelmente estaremos diante de uma *Sepia succus*, medicamento feito com a tintura produzida por um animal marinho, a *Sepia officinalis*.

Tipologia e psicopatologia: A Canção da Fonte

Entender que a obtenção do diagnóstico do reino ou do medicamento de um paciente é útil para um médico homeopata é imediato, mas qual seria a utilidade para um analista?

Pensamos que a maior contribuição que o conhecimento homeopático pode trazer para a psicologia profunda é no sentido de sua tipologia e psicopatologia, as quais, como demonstramos, são naturais e não arbitrárias, isto é, se estruturam a partir da observação de fenômenos psicoides, de base arquetípica.

Os padrões arquetípicos que surgem na homeopatia, assim como os seres naturais, são virtualmente inesgotáveis; eles trazem uma tipologia rica e variada que não foi criada ou desenvolvida a partir de modelos teóricos. Esses são tipos de padrões psicoides, arquetípicos, oriundos da psique objetiva, que simplesmente "são assim", simplesmente se expressam "tipicamente dessa forma", e não de outra qualquer. Sobre isso, em seu livro *Sobre Sentimentos e a Sombra*, Jung afirma:

> O fato de termos uma psique é uma questão objetiva. [...] quando nascemos, nascemos com uma psique, isto é, com essa psique que existe em qualquer lugar, que mesmo os macacos ainda têm e os cachorros e assim por diante [...]. E esta é objetiva, um sistema de cristais objetivo. O cloreto de sódio, por exemplo, tem uma estrutura cúbica. A água tem uma estrutura hexagonal. Simplesmente a tem, ela é [determinada] desse modo. Caso não tenha, então não é água. Não é possível encontrar água que cristaliza num outro sistema, ou então um cloreto de sódio. É impossível ser diferente. E, sendo assim, uma psique que é objetiva, que não buscamos, que está presente antes de sabermos a seu respeito, faz parte do ser vivo.

Dessa forma, nos parece natural tratarmos a tipologia e, oriunda desta, a psicopatologia homeopática como arquetípicas e, a partir daí, ampliarmos nossa percepção dos processos e desenvolvimentos humanos que acompanhamos como analistas.

Ao receber um paciente para acompanhamento analítico, nos deparamos com um indivíduo singular que, nesse dado momento, vivencia um desequilíbrio inicialmente entendido como sendo de ordem psíquica. Se olharmos esse indivíduo como um todo: características físicas, atitude corporal, fácies, gestos, vestimentas, hábitos, manias, maneira de falar e se comportar, narrativas, susceptibilidades, preferências alimentares, desejos e aversões, doenças prévias, história familiar, medos, sonhos, neuroses, complexos etc., saberemos que ele é único, assim dessa forma e não de outra qualquer, como falou Jung. E é exatamente a partir desses dados individuais que a homeopatia identifica o *tipo sensível* medicamentoso do paciente, i.e., a imagem da entidade natural relacionada a ele. Não importa muito se a queixa ou o sintoma apresentado é de ordem física ou mental, independente de por onde se inicie a abordagem, se ela for conduzida de forma adequada, chegaremos a um determinado padrão. A partir desse ponto, teremos acesso a uma ampla rede de informações sobre a clínica e a psicopatologia do paciente em questão, os quais são úteis para nos ajudar a compreender o caráter e a natureza profunda de nosso paciente, tanto no sentido de sua evolução e dinâmica psíquica, quanto no sentido prognóstico.

Diferente das tipologias e psicopatologias artificiais, que "coisificam" e rotulam os pacientes, a homeopática amplia nossa percepção do processo do indivíduo por ser puramente fenomenológica, dinâmica e "vitalista", como já dissemos.

Trata-se de uma propedêutica – do grego *Propaideutikós*, "*instruir antes*" – onde não se tem em mente um diagnóstico da doença, e sim o diagnóstico de um padrão, de um modo reacional que pode estar mais ou menos desequilibrado naquele exato momento. Não se fala em síndrome do pânico, transtorno bipolar ou compulsão, diagnósticos da psiquiatria convencional, mas sim em desequilíbrios de modos reacionais típicos como *Arsenicum album, Litium carbonicum, Carcinosinum* ou *Hyoscianus niger.*

Em nosso entendimento, o fato de a psicologia junguiana poder dispor de uma tipologia arquetípica, pode ser de grande valor não só no sentido teórico, comprovando a noção de um inconsciente coletivo ampliado, mas também para a psicoterapia. Se o analista tiver algum conhecimento da tipologia homeopática, perceberá naturalmente a existência dos padrões arquetípicos descritos na matéria médica, como nos mostrou Whitmont.

Não estamos aqui propondo que os analistas prescrevam medicamentos homeopáticos, visto que a prescrição homeopática envolve necessariamente também uma abordagem dentro da clínica médica e pode trazer complicações e efeitos indesejáveis – agravações medicamentosas e patogenesias – os quais devem ser prevenidos e tratados por homeopatas. O que propomos é que o conhecimento da homeopatia pode ser de grande auxílio aos analistas junguianos, possivelmente mais útil que a própria psiquiatria alopática, no cuidado com seus pacientes. A homeopatia nos permite identificar o sofrimento e a susceptibilidade, o *pathos* de nossos pacientes em sua dimensão psicoide a qual muitas vezes é de difícil acesso. No trabalho terapêutico ao nível da consciência, como citamos anteriormente em Jung, o acesso à dimensão psicoide só se fará indiretamente ao nível do sonho, ou através do adoecimento físico ou dos sintomas ditos psicossomáticos.

Quando falamos que a percepção dos padrões psicoides/homeopáticos se faz naturalmente para quem os conhece, levamos em conta o fato de que assim como na abordagem analítica, a homeopatia procura abster-se de qualquer concepção ou julgamento prévio diante do que o paciente traz ao atendimento. Trata-se, antes de tudo, de tentar perceber "a Canção da Fonte", como diz Sankaran, a expressão da alma, do padrão não humano que se expressa em cada um de nós.

No percurso de minha formação como analista fui, algumas vezes, admoestado por meus preceptores a não realizar diagnósticos ou conclusões apressados acerca de meus pacientes, pouco intervir e não prescrever, pois agindo assim eu estaria me mantendo na abordagem médica, e não assimilando o sentido profundo da observação e da escuta cuidadosa e silente, necessários à abordagem analítica. Tenho que confessar a dificuldade existente nesse ponto para mim que, atuando há décadas como médico, tive que abdicar da perspectiva objetiva e, por vezes, doutrinária, da medicina comum e acolher a subjetividade e a reflexão que a alquimia psíquica propõe. Esse aprendizado tem sido gratificante e se tornou bem mais fácil quando, auxiliado pela visão da psicologia analítica, pude então reconhecer na própria homeopatia sistêmica elementos comuns no acolhimento e no olhar clínico que buscam apreender a dinâmica e os processos inconscientes subjacentes ao encontro terapêutico.

Entendemos, nesse caso, que ao desvendar a natureza psicoide do arquétipo, Jung lança luz sobre a experiência homeopática, a qual, é necessário admitir, conhece muito pouco sobre a natureza profunda dos fenômenos com os quais lida. E, por outro lado, como já dissemos, a homeopatia traz recursos de ordem prática, afins e complementares à psicologia analítica.

Para ilustrar essa questão, é relativamente comum na prática homeopática que um paciente, por exemplo, ao resolver clinicamente um quadro de asma brônquica associado à ansiedade e dificuldades adaptativas, procure nova e repetidamente o homeopata para lidar com suas dificuldades de mudança de atitude relacionadas às suas dificuldades de interiorização e reflexão sobre seus conflitos pessoais, o que pode eventualmente levar a retorno dos sintomas. Em um caso como esse, um homeopata consciente pode reconhecer o limite da medicalização e encaminhar o paciente para um analista – talvez aconselhando: "diga a seu analista que o remédio homeopático é *Lycopodium*!", na esperança que o analista conheça algo desse padrão.

Por outro lado, é comum que o analista, em determinado momento do processo de um paciente, se depare com padrões de atitudes típicas, sentimentos e sensações repetitivos e resistentes à elaboração consciente, muitas vezes associados a grande sofrimento e com sintomas orgânicos ou somatiformes. Nesse ponto, ele poderá perceber que está diante do que poderíamos chamar de um *bloqueio psicoide*, o qual, a não ser que surjam sonhos expressivos ou alguma situação que ative particularmente a psique do paciente em nível inconsciente, não será superado facilmente. Em um caso como esse, o psicólogo pode encaminhar o paciente a um psiquiatra, que buscará acalmar ou suprimir alopaticamente os sintomas, ou/e a um homeopata, que poderá utilizar um medicamento homeopático para equilibrar a energia vital do paciente, produzindo uma *eudamonia* que permita de maneira sinérgica a remoção do bloqueio observado no desenvolvimento da análise. Como observamos algumas vezes e como Whitmont afirma, em seu *Psique e Substância*, a propósito de um caso:

> Quando mudanças biológicas e orgânicas dão ênfase ou acompanham conflitos existenciais e psicológicos, pode ser necessário um medicamento similar ou mesmo, no caso de uma patologia irreversível ou com risco de vida, uma intervenção cirúrgica.
>
> Eu me recordo, por exemplo, de um paciente maníaco-depressivo com fortes crises de impulso suicida que podia ser apenas temporariamente acalmado pelo trabalho psicológico criterioso com os elementos da sessão analítica. Ele recaía novamente no impulso suicida assim que chegava em casa. Porém, ele se acalmou dramática e permanentemente após uma única dose de carbonato de magnésio na ducentésima potência: depois disso o trabalho do psicanalista pôde seguir sem riscos futuros. A substância que leva a uma mudança de ordem implicitamente arquetípica [...] pertence ao campo de ação do magnésio.

No caso acima, Whitmont nos fala de um paciente em análise que efetivamente utilizou uma prescrição homeopática, em função da gravidade de seus sintomas, com bom resultado. Mas existe outra situação, ao nosso ver muito mais comum na prática, onde o reconhecimento do padrão psicoide pode auxiliar na instrumentalização do psicoterapeuta no trato com o paciente.

Como já citamos, Sankaran fala muito de queixas, estratégias, sensações, palavras-chave e atitudes reativas passivas, ativas ou compensatórias relacionadas aos diversos reinos e substâncias, que caracterizam a patologia dos indivíduos. Entendemos que ao identificarmos o padrão do paciente, mesmo que seja apenas do reino, já teremos alguns recursos que nos auxiliarão na condução do caso, sem que seja necessário recorrer ao medicamento, o qual, reconheço, em alguns casos, pode ser inadequado ou mesmo prejudicial ao paciente no sentido de impedir que o mesmo aprofunde sua reflexão e o contato consciente com suas sensações no âmbito de sua fonte ou padrão psicoide, o que pode ser bastante útil para a análise no sentido de um maior conhecimento de si.

Queremos dizer com isso que o analista pode, dentro de uma perspectiva imagética e morfológica, abordar de forma criativa e, porque não, alquímica, os temas e o mundo sensível do paciente. Um paciente do reino mineral, por exemplo, como o *Magnesium Carbonicum* citado acima, pedirá uma abordagem adequada às questões de estrutura, dependência dos pais e relacionamentos, será mais afim a determinadas atividades terapêuticas, palavras, narrativas e mitos, técnicas expressivas e atitudes do analista, e seu próprio padrão transferencial será característico. A psicopatologia homeopática nos expõe o que chamamos de *núcleo de sofrimento*, isto é, os complexos instintuais predominantes no indivíduo, permitindo que o analista realize em torno dele, de forma mais cuidadosa e compreensiva, a *circumbulatio* necessária ao desenvolvimento terapêutico, e à diferenciação do ego humano que se distancia do não humano em si.

A Natureza no Divã

Apresentaremos três exemplos de situações clínicas, relacionados aos diferentes reinos: mineral, vegetal e animal.

Poeira de Estrelas

Paciente de meia idade com queixa de depressão e desânimo há anos. Em uso regular de medicação psiquiátrica, com diagnóstico de transtorno de humor, procurou a terapia por "não estar sentindo melhora". Seu discurso era pontual e objetivo, sem floreios, e usava roupas simples e despojadas. Pessoa afável e emotiva, com grande dificuldade de superar a perda dos pais mesmo após muitos anos, demonstrando um forte sentimento de desamparo e abandono. O falecimento da mãe foi tão difícil para ela que, mesmo passados mais de dez anos, não conseguia se consolar. Suas queixas e a temática que trazia para a análise giravam sempre em torno de temas familiares, apontando para questões estruturais e afetivas como incapacidade, fraqueza, falta de confiança, dependência, insegurança, falta de apoio, medo da não aceitação, de estar só e do desamparo.

Após um maior aprofundamento do caso e dentro da avaliação homeopática, identificamos essa pessoa com um tipo sensível do reino mineral. Além de seus aspectos gerais, sua temática se desenvolve em termos de estrutura, e onde as questões de estrutura e existência pessoal dependem de outra pessoa, ou seja, de aspectos relacionais, possivelmente teremos um sal. Um sal é formado normalmente por dois elementos, um cátion e um ânion, um positivo e um negativo, é um composto que, como nosso paciente, traz a imagem da bipolaridade em si. Nosso caso traz uma temática que o coloca dentro do campo de ação do magnésio e seus sais, sendo, possivelmente, um caso de *Magnesia phosporica*, ou fosfato de magnésio. Nesse composto temos o magnésio como cátion (+) e o fósforo (combinado com o oxigênio) como ânion (-), formando uma relação de opostos complementares, uma sinergia que, se for rompida, levará ao desaparecimento, à destruição da substância. O magnésio representa movimento, mudança, impulso; a vida que é gerada da criação e destruição. É o oitavo elemento mais abundante na crosta terrestre e o nono no Universo conhecido, no seu todo. Ele se forma facilmente no interior de estrelas supernovas e, devido à sua alta solubilidade, é o terceiro elemento mais abundante na água do mar. Mas o magnésio só pode existir em sua forma ligada, pois em sua forma livre é altamente instável e explosivo. As supernovas, pouco antes de explodir, emitem por alguns dias um brilho que pode intensificar-se em um bilhão de vezes a partir de seu estado original, tornando uma estrela tão brilhante quanto uma galáxia. "A explosão de uma supernova de tipo II pode expulsar para o espaço até noventa por cento da matéria da estrela progenitora", isto é, o magnésio que faz parte dessa matéria é expulso pela estrela "mãe" durante uma explosão cósmica, a qual, em seu fim, após inúmeros colapsos do núcleo remanescente da estrela, levará à formação de uma singularidade no espaço-tempo, capaz de tragar e fazer desaparecer toda a luz, conhecida pelos astrônomos como buraco negro.

Quando os homeopatas Whitmont e Twentyman, falam da indicação dos sais de magnésio nos estados psiquiátricos que cursam com distúrbios de humor de depressão, apontam para o "estado magnesium" ou o *morbus magnesium*, como diria Paracelso. Por detrás desse estado específico, devemos reconhecer a experiência arquetípica do elemento magnésio. Quando um paciente mineral, um paciente do tipo sensível *magnesium* tenta expressar ou traz, de alguma forma, suas sensações, sentimentos e suas experiências de desamparo ou perda de entes parentais, deveremos entender o quão profunda e avassaladora é essa experiência. Estaremos diante de um padrão arcaico que traz, em si, a experiência da separação da *mãe arquetípica* como se fosse uma catástrofe de dimensões cósmicas! Daí, por sua intensidade e profundidade, a relação do *morbus magnesium* com os distúrbios psicóticos. As experiências do reino mineral são invariavelmente estruturais, sentidas como profundas, desesperadoras e irreversíveis, diferentemente do reino *plantae* ou *animalia*.

Nos relatos das patogenesias, *magnesium*: "sonha que se tornou uma criança de três anos de idade e isto a alegrou muito; sonha com fogo, no qual ela estava presente; sonhos ansiosos, que uma criança está se banhando em água fervente; sonhos aterrorizantes, que ela queima seu rosto pela luz; sonha que sua mãe morreu, por isso acorda e acredita estar ainda chorando; sonha que o trem parte com os parentes e ela fica para trás". São sonhos que trazem, em imagens humanas, a experiência do elemento em si. Os sais de magnésio são relacionados com os órfãos e as crianças adotadas, trazem o sentimento básico de não serem amados. Sankaran, em sua experiência, afirma que:

> No caso do magnésio, há um sentido de identidade, mas tendo esse sentido, a pessoa vivencia uma solidão que é muito assustadora. A sensação é: "Eu sou eu, mas não quero ser eu porque é muito assustador". *Magnesia carbônica* tem os sintomas: sentimento de abandono, sonhos que está perdido em uma floresta e saudade. O sentimento de magnésio é o de uma criancinha que não tem o cuidado, a proteção e a nutrição de que precisa, mas que foi abandonada para tomar conta de si-mesma.

À Flor da Pele

No reino mineral, a homeopatia sistêmica utiliza como referência a tabela periódica de elementos, com suas colunas e níveis. Já ao estudar o reino vegetal, buscamos a sensação dentro das inúmeras famílias que o compõem. Anacardiáceas, coníferas, rosáceas, fungos, solanáceas, ranunculáceas e umbelíferas são famílias vegetais que incluem diversas espécies, que poderão compartilhar entre si sensações e sentimentos em comum.

Aqui trazemos outro paciente com diagnóstico de ansiedade generalizada e transtorno de pânico. Loquaz, tinha uma narrativa com muitos rodeios e falava sem interrupção; às vezes, se perdia na própria fala e perguntava "por que estou falando disso mesmo?". Contando os fatos nos mínimos detalhes, às vezes se exaltava, se referindo de forma agressiva a pessoas ou situações que de alguma forma o tivessem agredido, ou incomodado. Nas crises de ansiedade tinha uma sensação de frio no estômago que se espalhava pelo corpo, como se fosse entrar em colapso e com muito medo de morrer. É importante notar que esta sensação física, descrita pelo paciente de forma espontânea, nos remete ao quinto nível descrito por Sankaram, o nível da sensação vital comum ao ente não humano, o nível mais psicoide, como afirmamos.

Aqui temos a imagem do reino vegetal com sua grande sensibilidade, reatividade a estímulos, labilidade e inquietação. Como falamos anteriormente, suas falas se referem àquilo que os fazem se sentir afetados, ao que são sensíveis e ao que os machuca, e sua narrativa tende a ser confusa, cheia de rodeios e pouco conclusiva. Se, nesse caso, estivermos diante de um tipo sensível do reino vegetal, suas sensações, descritas como sintomas físicos nos episódios de pânico, nos apontam para o medicamento *Veratrum album*, ou Heléboro branco, uma planta comum que floresce nos prados da Europa e Ásia menor, pertencente à família das liliáceas ou *liliflorae.*

Por seus acentuados efeitos tóxicos, o veratrum é utilizado desde a antiguidade como veneno e medicamento contra o cólera, aqui levando em conta o princípio da similitude. Entre os historiadores, há uma hipótese que afirma que, adicionado ao vinho, o *Veratrum album* foi usado para matar Alexandre, o Grande.

Na matéria médica, encontramos descrito: "um quadro perfeito de colapso, com extrema frieza, coloração azulada e fraqueza é oferecido por esta droga. Choque pós-operatório, suor frio na testa, compleição pálida pulso rápido e fraco. Suor frio na testa com quase todas as queixas". Também são descritos sintomas de agitação, loquacidade, alegria alternando com selvageria, ofende-se facilmente, apresenta extravagância, arrogância e delírios de grandeza. Esses efeitos são entendidos como atitudes reativas e compensatórias de uma sensação básica associada às liliáceas: a de ser excluído, deixado de lado, de não ter importância, de ser oprimido e restringido. O que, no caso do Veratrum, leva a uma necessidade de auto-afirmação, com enorme ansiedade e necessidade de controle, levando ao autoritarismo.

É importante relatar que, nesse caso, o reconhecimento inicial da natureza reativa do padrão veratrum foi de grande auxílio na abordagem e no trato com o paciente, o qual anteriormente tinha enorme dificuldade de manter-se em qualquer tipo de tratamento. O que queremos dizer é que, ao perceber a natureza da dinâmica e dos distúrbios somato-psíquicos associados a esse quadro medicamentoso, teremos maior clareza, firmeza e cuidado na condução do caso, pois quando se trata de um padrão arquetípico, lidamos com uma totalidade de sintomas onde o indivíduo não tem a possibilidade de reagir de forma diferente, até que melhor se desenvolvam as possibilidades reflexivas e criativas da alma humana em questão.

Dançando a vida

No reino animal, o medicamento homeopático é feito a partir de uma parte ou produto do mesmo, o qual é entendido como expressão mais típica ou que mais bem traduz a natureza da criatura. Assim se utiliza: das serpentes ou aranhas o veneno, de alguns répteis ou moluscos suas glândulas ou secreções, das aves as penas, e dos mamíferos o leite.

Paciente procura a análise com queixas de ansiedade moderada e medo de recidiva de uma doença cutânea prévia, a qual, anteriormente, havia tratado com homeopatia com boa resposta. O medicamento utilizado por essa paciente foi *Sepia succus* ou *Sepia officinalis*, que é a tintura produzida por um molusco marinho cefalópode, a Sepia (também chamada Choco ou Siba), cujo gênero possui diversas espécies. São animais predadores, de águas profundas e hábitos predominantemente noturnos. Considerados um dos invertebrados mais inteligentes, possuem uma grande capacidade de camuflagem e evasão, para a qual podem liberar a tintura escura que produzem. Deslocam-se na água de maneira graciosa e, durante o período de acasalamento, adquirem cores vivas e dançam para abordar as parceiras, sendo que os machos se enfrentam quando necessário.

Um dado importante na história dessa paciente é que sua doença surgiu pouco tempo após um trauma emocional que a deixou extremamente ressentida e insegura. Outra condição interessante nessa paciente é seu amor pela dança, a qual, eventualmente, surge como uma atividade aparentemente compensatória para sua timidez e reserva. Cabe ressaltar que o desejo de dançar não é um sintoma qualquer em Sepia, mas corresponde a uma expressão incomum de sua natureza. No caso em questão, tivemos uma confirmação dessa dinâmica quando a paciente relatou seu grande desejo de dançar, atividade que fazia por horas seguidas sem se cansar e que praticava regularmente com grande bem-estar. Outro fato que convém relatar é que a paciente tinha sonhos expressivos com cobras e com águas.

Essa paciente, apesar de um tanto reservada e, melhor falando, cautelosa, traz elementos comuns ao reino animal como a temática da sobrevivência no sentido da traição, e competição. Expressa-se de maneira cuidadosa e atenta, mal disfarçando sua desconfiança, principalmente nos contatos iniciais. Veste-se de maneira discreta e cuidadosa, buscando o contato visual e certificando-se sempre de que foi ouvida e percebida, permanecendo em silêncio quando não se sente à vontade.

Se formos analisar os sintomas de Sepia, encontraremos na matéria médica: transtornos por emoções, sonhos com cobras, reservada, timidez, desejo de dançar, doenças de pele e enxaqueca, os quais confirmam a existência desse padrão.

Como tentamos demonstrar nos casos descritos acima, o entendimento do padrão reacional homeopático dos pacientes nos possibilitou uma propedêutica bastante útil na abordagem e condução dos casos. Trouxe-nos uma visão mais integrada da dinâmica psicofísica dos pacientes, de suas singularidades e da natureza de seus conflitos e desafios no desenvolvimento de sua alma.

Outro caso que consideramos interessante relacionar é o de uma paciente idosa, com diagnóstico de demência que, à noite, provocava um quadro de agitação e nervosismo que não só a impedia de dormir, mas também a fazia gemer e emitir ruídos altos que incomodavam toda a família. Essa paciente, que não respondeu ao uso de hipnóticos ou sedativos comuns, após uma primeira dose de *Aurum metalicum* 12 CH, dormiu uma noite inteira sem se queixar e, com a manutenção do tratamento, não mais reagiu dessa forma, mesmo quando dormia pouco à noite. O *Aurum metalicum* é um medicamento homeopático feito a partir do ouro e é uma indicação comum para o tratamento de casos de esclerose cerebral e demência. Mas o que chama atenção aqui é que a paciente em questão é uma Cocker spaniel de 14 anos de idade. O exemplo dessa cadela, animal de estimação de uma amiga, que foi tratada por um médico veterinário homeopata, nos faz pensar no fato de que os animais (e mesmo plantas) também respondem aos medicamentos dinamizados. Eles também possuem uma expressão de vida singular e pertencem, como nós humanos, à sublime *Anima Mundi*.

III. A ALMA DO MUNDO E A NATUREZA NO HOMEM

> Por isso, a criação aguarda ansiosamente
> a manifestação dos filhos de Deus.
> Pois a criação foi sujeita à vaidade
> (não voluntariamente, mas por vontade
> daquele que a sujeitou), todavia com a
> esperança de ser também ela libertada do
> cativeiro da corrupção, para participar da
> gloriosa liberdade dos filhos de Deus.
> Pois sabemos que toda a criação geme
> e sofre como que dores de parto até o
> presente dia. Não só ela, mas também
> nós, que temos as primícias do Espírito,
> gememos em nós mesmos, aguardando a
> adoção, a redenção do nosso corpo.
> (Carta de Paulo aos Romanos)

Quando, na introdução deste trabalho, ao falar da obra de Jung usamos o termo *psicosofia*, quisemos nos referir não apenas à ciência, mas, sobretudo, à sabedoria da alma, à visão de mundo resgatada e presente em seu legado. O próprio Jung no XIV capítulo de seu livro *A Natureza da Psique*, utiliza o termo em alemão *Weltanschauung* para falar da visão do mundo ou da cosmovisão na psicologia analítica. Ele afirma que "a consciência superior determina a cosmovisão", e associa essa visão do mundo com a atitude, a qual resulta de aspectos conscientes e inconscientes, de maneira que "com a imagem que o homem pensante forma a respeito do mundo ele se modifica a si próprio". Mais adiante, ele afirma que ter uma cosmovisão significa, dentro do possível, "formar uma imagem do mundo e de si mesmo, saber o que é o mundo e quem sou eu", e ao diferenciar cosmovisão de fé e religião, ele escreve que "a psicologia analítica não é uma cosmovisão, mas uma ciência". É compreensível a preocupação de Jung de não permitir que a psicologia analítica seja confundida com uma filosofia e muito menos com uma profissão de fé, mas, ao mesmo tempo, ele vê nessa ciência "uma reação contra uma racionalização exagerada da consciência que, na preocupação de produzir processos orientados, se isola da natureza e, assim, priva o homem de sua história natural". Desse modo, a psicologia analítica, mesmo não sendo uma cosmovisão, "pode oferecer uma contribuição importante para a formação de uma". Nossa atitude é nossa visão do mundo, a qual é composta por inúmeros fatores tanto conscientes quanto inconscientes, tanto pessoais quanto do mundo externo, e o surgimento de novas concepções teóricas ou científicas, na medida em que ampliam nossa percepção da realidade, modificam nosso entendimento e nossa atitude.

A concepção de *Unus Mundus* que, como vimos anteriormente, surge nos primórdios de nossa cultura, não nos deixou. Como realidade imanente à vida, ela se desdobra e se revela novamente no mundo atual. O conhecimento científico e prático da psicologia analítica e da homeopatia, assim como das ciências da natureza contemporâneas, mesmo partindo de visões e experiências distintas, demandam e provocam o retorno dessa cosmovisão que nos reaproxima da Natureza, da *physis*.

Cosmovisão é atitude e, em nosso caso, também atitude terapêutica. Somente quando percebermos a nós mesmos como um "nó de relações" como afirmou Boff ou como uma Ponte entre o Espírito e a Matéria é que poderemos nos "colocar de pé" no sentido simbólico, nos tornar Arcas (*Tevá*) capazes de acolher e auxiliar nossos irmãos humanos e não humanos.

Quando Paulo, o apóstolo, afirma que toda a criação aguarda a manifestação dos Filhos de Deus, propõe uma cosmovisão que reconheça a necessidade de se reconstruir a ponte, de se realizar uma consciência capaz de libertar não só a alma humana, mas toda a criação, da ilusão que dissocia corpo e espírito.

Quando buscamos evidenciar a proximidade e a complementaridade existentes entre a psicologia analítica e a homeopatia, o fizemos dentro dessa cosmovisão que nos remete à realidade do *Unus Mundus* de uma maneira única. O conhecimento teórico-científico e prático dos quais dispomos atualmente, não só nessas duas áreas, mas também nas ciências naturais, nos permitem aprofundar e compreender essa complexa realidade como nunca foi possível no passado.

Ao trazer aqui elementos da prática homeopática para dentro do *setting* analítico, o fazemos no intuito não só de ampliar nossa visão terapêutica para essa realidade, mas também de propor uma aproximação entre ambas no sentido prático. Isso pode ser feito, como demonstramos, através de estudos clínicos que entendam ambas, não só dentro de um mesmo paradigma, mas também histórica e culturalmente ligadas dentro da cultura ocidental.

Essa aproximação pode permitir que a psicologia encontre a matéria pelo caminho da experiência e que ela cumpra uma de suas principais funções, que é sair do mundo interior e desempenhar seu papel no grande mundo ao qual pertence e que tanto necessita de sua presença.

Em seu *Mysterium Coniunctionis*, Jung valoriza a visão da *opus* encontrada no alquimista Gerardus Dorneus, onde o terceiro e mais elevado grau da conjunção se realiza com o *Unus Mundus*, com a matéria entendida como - a coisa simples (*res simplex*), onde "o simples, porém, é o mais difícil", como ele mesmo dizia. Em Dorneus, "o terceiro grau da *coniunctio* é universal: é a relação, ou respectivamente a identidade do *atman* pessoal com o *Atman* suprapessoal, do *tao* individual com o *Tao* universal". Segundo Jung, "para o psicólogo trata-se do si-mesmo, que de uma parte é o homem como ele é, mas de outra parte é a totalidade indescritível e supra-empírica desse mesmo homem". Assim ele admite que "aquilo que se oculta por trás de nosso mundo empírico parece de fato ser um *Unus Mundus* (mundo uno). Pelo menos isso é uma hipótese provável, que satisfaz ao axioma da teoria do conhecimento da parte das ciências naturais". Aqui, a alquimia e a psicologia analítica se unem para justamente, como foi dito, oferecer uma contribuição importante para a formação de uma cosmovisão. Uma visão de mundo onde o mito que representa o destino superior do homem, entendido como *opus magna* ou individuação, só se realiza plenamente mediante a conjunção, a ligação entre o espírito e a natureza, o interno e o externo, pois como diziam os alquimistas: "ao sublimar ele a matéria, materializa ele o espírito".

Neste percurso que fizemos neste livro, indo da psicologia analítica à homeopatia, gostaríamos de concluir alguns pontos importantes:

1. a homeopatia e a psicologia junguiana guardam entre si raízes históricas, culturais e filosóficas comuns, cujos fundamentos se desenvolvem e se renovam desde o passado, com os gnósticos e alquimistas, até o mundo atual;

2. que todos esses fundamentos, conhecimentos e práticas, apesar de aceitos com certa reserva pela ortodoxia, reforçam e contribuem para o aprofundamento de uma visão sistêmica do mundo, do homem e da natureza. E que essa visão, tanto em seus aspectos objetivos e conscientes quanto em seus aspectos subjetivos e inconscientes, nos permite retomar a antiga e, atualmente, muito necessária, concepção do *Unus Mundus*;

3. que a prática analítica e o corpo teórico da psicologia junguiana, principalmente em sua noção de arquétipo e seus desdobramentos, trazem grandes contribuições ao entendimento dos princípios de atuação da homeopatia;

4. que a teoria e a prática homeopática, principalmente em seus aspectos propedêuticos e experimentais, trazem elementos importantes para uma compreensão objetiva da dinâmica arquetípica e dos padrões reacionais encontrados na clínica analítica;

5. que, dentro da mesma filosofia alquímica que fundamenta as duas disciplinas, a psicologia analítica e a homeopatia podem, tanto na teoria quanto na prática, se aproximar e atuar de maneira complementar;

6. que essa aproximação pode nos auxiliar no desenvolvimento de estudos teóricos e pesquisas que demonstrem a validade das teorias sistêmicas em psicologia, medicina e ciências afins;

7. e, fundamentalmente, que essa aproximação pode nos auxiliar no desenvolvimento de uma cosmovisão onde o homem não só reconheça seus limites e seu papel, ao se perceber imerso no mundo natural, mas que também tenha uma atitude mais equilibrada e fraterna para com os diversos reinos e o mundo em que vive.

BIBLIOGRAFIA

BLAIR, D. **Jung: uma biografia**. vol. 1. São Paulo: Globo, 2006.

CHARDIN, P. T. **O Fenômeno Humano**. São Paulo: Cultrix, 2006.

DEMARQUE, D. **Os verdadeiros precursores da homeopatia e as derivas atuais sobre o conceito de similitude.** In: Tratado de Homeopatia, org. Pierre Cornillot. Porto Alegre: Artmed, 2005.

DIAS, A. F. **Repertório Homeopático Essencial**, versão eletrônica. Rio de Janeiro: Cultura Médica, 2001. CD.

EDINGER, E. **Anatomia da Psique: o simbolismo alquímico na psicoterapia**. São Paulo: Cultrix, 2006.

GEBELEIN, H. **Alquimia**. São Paulo: Francis, 2007.

GRAUBART, S. E. F. **Anima Mundi: o mundo como paciente**. São Paulo: Sattva, 2018.

HEINDEL, M. **Conceito Rosacruz do Cosmos**. São Paulo: Fraternidade Rosacruz, 1993.

HILLMAN, J. **O Código do Ser: uma busca do caráter e da vocação pessoal**. Rio de Janeiro, Objetiva, 1997.

HOELLER, S. A. **Gnosticismo**. Rio de Janeiro: Record, Nova Era, 2005.

JUNG, C. G. **Memórias, Sonhos, Reflexões**. Rio de Janeiro: Nova Fronteira, 1983.

__________. **Mysterium Coniunctionis**. O.C. vol. XIV/1. Petrópolis: Vozes, 1985.

__________. **Tipos Psicológicos.** O.C. vol. VI. Petrópolis: Vozes, 1991.

__________. **A Natureza da Psique**. O.C. vol. VIII/2. Petrópolis: Vozes, 2000.

__________. **Psicologia e Alquimia**. O.C. vol XII. Petrópolis: Vozes, 2009.

__________. **Os Arquétipos e o Inconsciente Coletivo**. O.C. 9/1. Petrópolis: Vozes, 2012

__________. **Sincronicidade**. OC 8/3. Petrópolis: Vozes, 2013.

__________. **Seminários sobre Psicologia Analítica**. Petrópolis: Vozes, 2014.

__________. **Some Thougths on Psychology.** *In*: The Zofingia Lectures. New York: Routledge, 2014.

__________. **Sobre Sentimentos e a Sombra**. Petrópolis: Vozes, 2015.

LELOUP, J; BOFF, L. **Terapeutas do Deserto: De Fílon de Alexandria e Francisco de Assis a Graf Dürckheim**. Petrópolis: Vozes, 2013.

PLOTINO. **Tratados das Enéadas**. Trad. Américo Sommerman. São Paulo: Polar editorial, 2000.

PUSTIGLIONE, M. **(O Moderno) Organon da Arte de Curar de Samuel Hahnemann**. São Paulo: Typus, 2001.

RUIZ, R. **Da Alquimia à Homeopatia**. São Paulo: Editora UNESP, 2002.

__________. **The Alchemy of Healing**: Psyche and Soma. Berkeley: North Atlantic Books, 1993.

SANKARAN, R. **The Soul of Remedies**. Mumbai: Homoeopathic Medical Publishers, 2006.

__________. **El Esquema de Sankaran**. Mumbai: Homoeopathic Medical Publishers, 2007.

__________. **A Sensação em Homeopatia**. São Paulo: Organon, 2010.

SHAMDASANI, S. **Encountering Hèlene**: Thèodore Flournoy and the Genesis of Subliminal Psychology. Princeton University Press, 2008.

SHITAL, M. & cols. **Ultra-diluted *Toxicodendron pubescens* attenuates proinflammatory cytokines and ROSmediated neuropathic pain in rats**. Nature scientific reports, 8:13562, p. 1-11, September 2018.

TWENTYMAN, R. **Homeopatia: a ciência e a cura**. São Paulo: Best Seller, 2008.

WHITMONT, E. C. **Psique e substância**: a Homeopatia à luz da Psicologia Junguiana. São Paulo: Summus, 1989.

WIKIPEDIA. **Magnesio**. Disponível em: https://pt.wikipedia.org/wiki/Magnesio, 2018. Acesso em: 06/01/2019.

SATTVA EDITORA

contato@sattvaeditora.com.br
www.sattvaeditora.com.br